Sous Vide Maestro

La Perfección Culinaria al Alcance de tu Cocina

Daniel Cruz

Tabla de contenido

Rollitos de cangrejo con limón y ajo divinos 9
Pulpo asado sazonado con salsa de limón 11
Kebabs criollos de camarón 13
Camarones con salsa picante 15
Fletán con chalotas y estragón 16
Mantequilla de hierbas Bacalao al limón 18
Equipo de máquina con Beurre Nantais 20
Salchicha dulce y uvas 22
Costillas dulces con salsa de mango 23
Chuletas dulces y calabacín con almendras 25
Chuletas de cerdo fritas con pimentón y maíz 27
Lomo de cerdo a la crema de coñac 29
Piernas de cerdo con tomate y zanahorias 31
Chuleta de cerdo con salsa de café especiada 33
lomo picante 34
Chuletas de cerdo saladas con champiñones 35
Crema de panceta y maíz 37
Brochetas de cerdo con comino y ajo 39
Excelentes chuletas de cerdo con balsámico 41
Lombarda y patata con chorizo 42
Lomo de cerdo con almendras 44
Agradable Cerdo en Salsa Verde 46
Costillas de cerdo picantes con coco 48

Jugosas costillas BBQ BBQ 50

Filetes de cerdo al ajillo 52

Solomillo de cerdo salado al tomillo y al ajillo 53

Chuletas de cerdo con salsa de champiñones 55

Salchichas dulces de manzana 57

Tacos de cerdo con naranja dulce 58

Carnitas De Cerdo Mexicanas Con Salsa Roja 60

Tacos de pollo con chile y chorizo con queso 62

Pollo con verduras 64

Pollo fácil y picante con miel 66

Cordon Bleu De Pollo Clásico 68

Pollo frito casero crujiente 70

Pechugas de pollo picantes 72

Wraps de lechuga salados con pollo con chile y jengibre 74

Pechugas de pollo al limón aromáticas 76

Pollo A La Mostaza Y Ajo 78

un pollo entero 79

Deliciosas alitas de pollo con salsa búfalo 80

Deliciosos muslos de pollo con salsa dulce de lima 81

Pechuga de pollo con salsa cajún 83

pechuga de pollo sriracha 84

Pollo al perejil con salsa de curry 85

Pechuga de pollo glaseada con parmesano 86

Pollo molido con tomates 87

Guiso de pollo con champiñones 88

La pechuga de pollo sin dorar más fácil 90

Muslos de pollo a la naranja 91

Pollo al tomillo con limón..93
Ensalada de pollo al pimentón 94
un pollo entero 96
Muslos De Pollo Picantes Sencillos..98
alitas de pollo Buffalo 99
Empanadas de pollo desmenuzado...101
Muslos de pollo con puré de zanahoria 102
Pollo al limón con menta 104
Pollo con mermelada de cerezas 105
Muslos de pollo dulces y picantes...106
pechugas de pollo rellenas..108
pollo fresco..110
Muslos de pollo mediterráneo..112
Pechuga de pollo con salsa Harissa 113
Pollo al ajillo con champiñones...114
Muslos de pollo con hierbas 116
Budín de pollo con corazones de alcachofa....................................118
Ensalada de pollo y calabaza con mantequilla de almendras ..120
Ensalada de pollo y nueces 122
Chuletas de ternera a la pimienta con setas de pino 124
Chuletas de ternera..126
Ternera picante al vino de Oporto..127
ternera portobello...129
salsa de ternera...131
hígado de ternera de Dijon 133
Chuletas de cordero al estilo africano con albaricoques................135
Chuletas de cordero a la menta con nueces 137

Carré de cordero marinado en mostaza y miel 139
Albóndigas de cordero con salsa de yogur 140
Arroz picante de paletilla de cordero 142
Filetes de cordero al chile con cobertura de semillas de sésamo 143
Cordero dulce con salsa de mostaza 144
Cordero al limón y menta 146
Chuletas de cordero al limón con salsa chimichurri 148
Pierna de cordero con verduras y salsa dulce 150
Estofado de panceta y cordero 152
Chuletas de cordero al limón y pimienta con chutney de papaya 154
Brochetas de cordero picantes 156
Cordero a las hierbas con verduras 157
Costillas de cordero al ajillo 159
Costillar de cordero con incrustaciones de hierbas 161
Brochetas populares de cordero y cerezas en Sudáfrica 163
Curry de pimentón y cordero 165
Costillas de cordero con queso de cabra 167
hombro de cordero 169
Cordero asado con jalapeños 171
Chuletas de cordero a la parrilla con tomillo y salvia 173
Chuletas de cordero con chimichurri de albahaca 175
Brochetas sabrosas de cordero Harissa 177
Cerdo a la mostaza dulce con cebolla crujiente 179
Deliciosas chuletas de cerdo con albahaca y limón 181
Costillitas con salsa china 183
Guiso de cerdo y frijoles 185

Costillas de cerdo Jerk 187
Chuletas de cerdo balsámicas 188
Costillas de cerdo deshuesadas con salsa de coco y maní 190
Solomillo de cerdo a la lima y al ajo 192
costillas de cerdo a la barbacoa 194
Lomo de arce con manzana frita 195
Panceta de cerdo con pimentón ahumado 197
Tacos De Cerdo Carnitas 198
Sabroso cerdo con glaseado de mostaza y melaza 199
Cuello de cerdo asado 201
Costillas de cerdo 203
Chuletas de cerdo al tomillo 204
chuletas de cerdo 205
Chuletas de salvia y sidra 206
lomo al romero 208
Panceta de pimentón con cebolla perla 209
Chuletas de cerdo con tomate y puré de patatas 210
Tostadas con huevo y panceta crujiente 212
Lomo picante con salsa dulce de papaya 213
Sabrosas patatas y tocino con cebolla 215
Chuletas de cerdo crujientes 216
Chuletas de cerdo dulces con pera y zanahoria 218
Fideos ramen con cerdo y champiñones 219
Sabroso lomo con dip de aguacate 220

Rollitos de cangrejo con limón y ajo divinos

Tiempo de preparación + cocción: 60 minutos | Porciones: 4

Ingredientes

4 cucharadas de mantequilla
1 kilo de carne de cangrejo hervida
2 dientes de ajo, picados
Ralladura y jugo de ½ limón
½ taza de mayonesa
1 hinojo, picado
Sal y pimienta negra al gusto
4 panecillos partidos, engrasados y tostados

Instrucciones

Preparar un baño maría y poner en él el Sous Vide. Ajuste a 137 F. Combine el ajo, la ralladura de limón y 1/4 taza de jugo de limón. Coloca la carne de cangrejo en una bolsa sellable al vacío con la mezcla de mantequilla y limón. Liberar el aire mediante el método de desplazamiento de agua, cerrar y sumergir la bolsa en un baño maría. Cocine por 50 minutos.

Cuando se detenga el cronómetro, retire la bolsa y transfiérala a un tazón. Deseche los jugos de la cocción. Combine la carne de cangrejo con el resto del jugo de limón, la mayonesa, el hinojo, el eneldo, la sal y la pimienta. Rellena los panecillos con la mezcla de carne de cangrejo antes de servir.

Pulpo asado sazonado con salsa de limón

Tiempo de preparación + cocción: 4 horas 15 minutos | Porciones: 4

Ingredientes

5 cucharadas de aceite de oliva
1 libra de tentáculos de pulpo
Sal y pimienta negra al gusto
2 cucharadas de jugo de limón
1 cucharada de cáscara de limón
1 cucharada de perejil fresco picado
1 cucharadita de tomillo
1 cucharada de pimentón

Instrucciones

Preparar un baño maría y colocar en él el Sous Vide. Ponga a 179 F. Corte los tentáculos en trozos medianos. Condimentar con sal y pimienta. Introducir los largos en una bolsa con cierre al vacío con aceite de oliva. Liberar el aire mediante el método de desplazamiento de agua, cerrar y sumergir la bolsa en un baño maría. Cocine por 4 horas.

Cuando el cronómetro se haya detenido, retira el pulpo y sécalo con un paño de cocina. Deseche los jugos de la cocción. Espolvorea aceite de oliva por encima.

Calienta la parrilla a fuego medio y fríe los tentáculos durante 10-15 segundos por lado. Dejar de lado. Mezclar bien el zumo de limón, la piel de limón, el pimentón, el tomillo y el perejil. Cubra con pulpo con salsa de limón.

Kebabs criollos de camarón

Tiempo de preparación + cocción: 50 minutos | Porciones: 4

Ingredientes

Ralladura y jugo de 1 limón
6 cucharadas de mantequilla
2 dientes de ajo, picados
Sal y pimienta blanca al gusto
1 cucharada de condimento criollo
1½ kilos de camarones
1 cucharada de eneldo fresco molido + para decoración
rodajas de limon

Instrucciones

Preparar un baño maría y colocar en él el Sous Vide. Establezca en 137F.

Derrite la mantequilla en una cacerola a fuego medio y agrega el ajo, el condimento criollo, la ralladura y el jugo de limón, sal y pimienta. Cocine durante 5 minutos hasta que la mantequilla se derrita. Reservar y dejar enfriar.

Coloca los camarones con la mezcla de mantequilla en una bolsa con cierre al vacío. Liberar el aire mediante el método de desplazamiento de agua, cerrar y sumergir la bolsa en un baño maría. Cocine por 30 minutos.

Cuando el cronómetro se haya detenido, retira los camarones y sécalos con una toalla de papel. Deseche los jugos de la cocción. Enhebre los camarones encima de la brocheta y decore con eneldo y un chorrito de limón para servir.

Camarones con salsa picante

Tiempo de preparación + cocción: 40 minutos + tiempo de enfriamiento | Porciones: 5

Ingredientes

2 libras de camarones, pelados y desvenados
1 taza de puré de tomate
2 cucharadas de salsa de rábano picante
1 cucharadita de jugo de limón
1 cucharadita de salsa tabasco
Sal y pimienta negra al gusto

Instrucciones

Preparar un baño maría y poner en él el Sous Vide. Póngalo a 137 F. Coloque los camarones en una bolsa sellable al vacío. Liberar el aire mediante el método de desplazamiento de agua, sellar y sumergir la bolsa en el baño. Cocine por 30 minutos.

Cuando el cronómetro se haya detenido, retire la bolsa y transfiérala a un baño de agua helada durante 10 minutos. Dejar endurecer en el frigorífico durante 1-6 horas. Mezclar bien el puré de tomate, la salsa de rábano picante, la salsa de soja, el jugo de limón, la salsa tabasco, la sal y la pimienta. Sirve los camarones con la salsa.

Fletán con chalotas y estragón

Tiempo de preparación + cocción: 50 minutos | Porciones: 2

Ingredientes:

2 libras de filetes de fletán

3 ramitas de hojas de estragón

1 cucharadita de ajo en polvo

1 cucharadita de cebolla en polvo

Sal y pimienta blanca al gusto

2 ½ cucharaditas + 2 cucharaditas de mantequilla

2 chalotes, pelados y cortados por la mitad

2 ramitas de tomillo

Rodajas de limón para decorar.

Direcciones:

Hacer un baño de agua, colocar el Sous Vide y programar a 124 F. Cortar los filetes de fletán en tres trozos y frotar con sal, ajo en polvo, cebolla en polvo y pimienta. Coloque los filetes, el estragón y 2 ½ cucharaditas de mantequilla en tres bolsas separadas selladas al vacío. Libere el aire utilizando el método de desplazamiento de agua y selle las bolsas. Colocarlos al baño maría y hervir durante 40 minutos.

Cuando el cronómetro se detenga, retira y abre las bolsas. Pon la sartén a fuego lento y añade el resto de la mantequilla. Una vez caliente, retire la piel del abadejo y séquelo. Añade el fletán con las chalotas y el tomillo y sofríe hasta que esté crujiente por debajo y por arriba. Adorne con rodajas de limón. Servir con verduras al vapor.

Mantequilla de hierbas Bacalao al limón

Tiempo de preparación + cocción: 37 minutos | Porciones: 6

Ingredientes

8 cucharadas de mantequilla
6 filetes de bacalao
Sal y pimienta negra al gusto
Ralladura de ½ limón
1 cucharada de eneldo fresco molido
½ cucharada de cebollino fresco picado
½ cucharada de albahaca fresca molida
½ cucharada de salvia fresca molida

Instrucciones

Preparar un baño maría y colocar en él el Sous Vide. Ajuste a 134 F. Sazone el bacalao con sal y pimienta. Introducir el bacalao y la piel de limón en una bolsa sellable al vacío.

Ponga la mantequilla, la mitad del eneldo, el cebollino, la albahaca y la salvia en una bolsa aparte con cierre al vacío. Liberar el aire mediante el método de desplazamiento de agua, cerrar y sumergir ambas bolsas en un baño maría. Cocine por 30 minutos.

Cuando el cronómetro se haya detenido, retira el bacalao y sécalo con una toalla de papel. Deseche los jugos de la cocción. Retirar la mantequilla de la segunda bolsa y verter sobre el bacalao. Adorne con el eneldo restante.

Equipo de máquina con Beurre Nantais

Tiempo de preparación + cocción: 45 minutos | Porciones: 6

Ingredientes:

<u>Agrupador:</u>

2 libras de uvas, cortadas en 3 trozos

1 cucharadita de comino en polvo

½ cucharadita de ajo en polvo

½ cucharadita de cebolla en polvo

½ cucharadita de cilantro en polvo

¼ de taza de condimento para pescado

¼ de taza de aceite de nuez

Sal y pimienta blanca al gusto

<u>Burré Blanc:</u>

1 libra de mantequilla

2 cucharadas de vinagre de manzana

2 chalotes, picados

1 cucharadita de pimienta molida

5 onzas de crema espesa,

Agrega sal al gusto

2 ramitas de eneldo

1 cucharada de jugo de limón

1 cucharada de azafrán en polvo

Direcciones:

Haga un baño de agua, ponga el Sous Vide y póngalo a 132 F. Sazone los trozos de uva con sal y pimienta blanca. Colocar en una bolsa sellable al vacío, liberar el aire mediante el método de desplazamiento de agua, sellar y sumergir la bolsa en un baño de agua. Configure el cronómetro en 30 minutos. Mezcle el comino, el ajo, la cebolla, el cilantro y el condimento para pescado. Dejar de lado.

Mientras tanto, prepara la beurre blanc. Pon la sartén a fuego medio y agrega las chalotas, el vinagre y la pimienta. Hervir para hacer almíbar. Baja el fuego y agrega la mantequilla, batiendo todo el tiempo. Agrega el eneldo, el jugo de limón y el azafrán en polvo, revuelve constantemente y cocina por 2 minutos. Agrega la nata y sazona con sal. Cocine por 1 minuto. Apaga el calentador y colocalo a un lado.

Cuando el cronómetro se haya detenido, retira y abre la bolsa. Pon la sartén a fuego medio, agrega el aceite de nuez. Secar las uvas y las especias con una mezcla de especias y freírlas en aceite caliente. Sirva la uva y la beurre nantais con espinacas al vapor.

Salchicha dulce y uvas

Tiempo de preparación + cocción: 1 hora 20 minutos | Porciones: 4

Ingredientes

2 ½ tazas de uvas blancas sin semillas y sin tallos
1 cucharada de romero fresco picado
2 cucharadas de mantequilla
4 salchichas italianas dulces enteras
2 cucharadas de vinagre balsámico
Sal y pimienta negra al gusto

Instrucciones

Preparar un baño maría y colocar en él el Sous Vide. Establezca a 160F.

Coloca las uvas, el romero, la mantequilla y las salchichas en una bolsa con cierre al vacío. Liberar el aire mediante el método de desplazamiento de agua, cerrar y sumergir la bolsa en un baño maría. Cocine por 60 minutos.

Cuando el cronómetro se haya detenido, retira las salchichas y transfiere el jugo de la sopa y las uvas a una cacerola a fuego medio. Vierta el vinagre balsámico y cocine por 3 minutos. Condimentar con sal y pimienta. Calienta la sartén a fuego medio y fríe las salchichas durante 3-4 minutos. Servir con salsa y uvas.

Costillas dulces con salsa de mango

Tiempo de preparación + cocción: 36 horas 25 minutos | Porciones: 4

Ingredientes

4 kilos de costillas de cerdo
Sal y pimienta negra al gusto
1 taza de jugo de mango
¼ taza de salsa de soja
3 cucharadas de miel
1 cucharada de pasta de chile y ajo
1 cucharada de jengibre molido
2 cucharadas de aceite de coco
1 cucharadita de polvo de cinco especias chinas
1 cucharadita de cilantro molido

Instrucciones

Preparar un baño maría y colocar en él el Sous Vide. Establezca en 146F.

Sazona las costillas con sal y pimienta y colócalas en una bolsa con cierre al vacío. Liberar el aire mediante el método de desplazamiento de agua, cerrar y sumergir la bolsa en un baño maría. Cocine por 36 horas. Cuando el cronómetro se haya detenido, retire las costillas y séquelas. Deseche los jugos de la cocción.

Calienta una olla a fuego medio y cocina el jugo de mango, la salsa de soya, el chile, la pasta de ajo, la miel, el jengibre, el aceite de coco, las cinco especias y el cilantro durante 10 minutos hasta que hierva. Rocíe las costillas con la salsa. Transfiera a una bandeja para hornear y hornee por 5 minutos en un horno a 390 F.

Chuletas dulces y calabacín con almendras

Tiempo de preparación + cocción: 3 horas 15 minutos | Porciones: 2

Ingredientes

2 solomillos de cerdo

Sal y pimienta negra al gusto

3 cucharadas de aceite de oliva

1 cucharada de jugo de limón recién exprimido

2 cucharaditas de vinagre de vino tinto

2 cucharaditas de miel

2 cucharadas de aceite de oliva

2 calabacines medianos, cortados en tiras

2 cucharadas de almendras tostadas

Instrucciones

Preparar un baño maría y colocar en él el Sous Vide. Ajuste a 138 F. Coloque la carne de cerdo sazonada en una bolsa sellable al vacío. Agrega 1 cucharada de aceite de oliva. Liberar el aire mediante el método de desplazamiento de agua, cerrar y sumergir la bolsa en un baño maría. Cocine por 3 horas.

Mezcla jugo de limón, miel, vinagre y 2 cucharadas de aceite de oliva. Condimentar con sal y pimienta. Cuando el cronómetro se detenga, retira la bolsa y desecha los jugos de la cocción. Calienta el aceite de arroz en una sartén a fuego alto y fríe el cerdo durante 1 minuto por lado. Retirar del fuego y dejar reposar durante 5 minutos.

Para la ensalada, mezcla los calabacines con la mezcla del aderezo en un bol. Condimentar con sal y pimienta. Transfiera la carne de cerdo a un plato y sírvala con el calabacín. Adorne con almendras.

Chuletas de cerdo fritas con pimentón y maíz

Tiempo de preparación + cocción: 1 hora 10 minutos | Porciones: 4

Ingredientes

4 chuletas de cerdo
1 pimiento rojo pequeño, cortado en cubitos
1 cebolla amarilla pequeña, picada
2 tazas de granos de maíz congelados
¼ de taza de cilantro
Sal y pimienta negra al gusto
1 cucharada de tomillo
4 cucharadas de aceite vegetal

Instrucciones

Preparar un baño maría y colocar en él el Sous Vide. Póngalo a 138 F. Espolvoree la carne de cerdo con sal y colóquela en una bolsa sellable al vacío. Liberar el aire mediante el método de desplazamiento de agua, cerrar y sumergir la bolsa en un baño maría. Cocine por 1 hora.

Calentar el aceite en una sartén a fuego medio y sofreír la cebolla, el pimentón y el maíz. Condimentar con sal y pimienta. Agrega el cilantro y el tomillo. Dejar de lado. Cuando se detenga el cronómetro, retire la carne de cerdo y transfiérala a la sartén caliente. Freír durante 1 minuto por cada lado. Servir el cerdo con verduras fritas.

Lomo de cerdo a la crema de coñac

Tiempo de preparación + cocción: 4 horas 50 minutos | Porciones: 4

Ingredientes

3 kilos de lomo de cerdo deshuesado
Agrega sal al gusto
2 cebollas en rodajas finas
¼ de taza de coñac
1 taza de leche
1 taza de queso crema

Instrucciones

Preparar un baño maría y poner en él el Sous Vide. Ajuste a 146 F. Sazone la carne de cerdo con sal y pimienta. Calienta una sartén a fuego medio y fríe el cerdo durante 8 minutos. Dejar de lado. Agrega la cebolla y sofríe durante 5 minutos. Agregue el coñac y deje hervir. Dejar enfriar durante 10 minutos.

Poner el cerdo, la cebolla, la leche y la nata en una bolsa sellable al vacío. Liberar el aire mediante el método de desplazamiento de agua, cerrar y sumergir en baño maría. Cocine por 4 horas. Cuando el cronómetro se detenga, retira la carne de cerdo. Reservar, mantener caliente. Calienta la olla y vierte en ella los jugos de la cocción. Revuelve durante 10 minutos hasta que hierva. Condimentar con sal y pimienta. Corta la carne de cerdo en rodajas y cubre con la salsa de crema para servir.

Piernas de cerdo con tomate y zanahorias

Tiempo de preparación + cocción: 48 horas 30 minutos | Porciones: 4

Ingredientes

2 muslos de cerdo
1 lata (14.5 oz) de tomates cortados en cubitos con jugo
1 taza de caldo de res
1 taza de cebolla finamente picada
½ taza de hinojo finamente picado
½ taza de zanahoria finamente picada
Agrega sal al gusto
½ taza de vino tinto
1 hoja de laurel

Instrucciones

Preparar un baño maría y colocar en él el Sous Vide. Ajuste a 149 F. Retire la grasa del vientre de la pierna y colóquela en una bolsa sellable al vacío. Agrega el resto de los ingredientes. Libera el aire mediante el método de desplazamiento de agua, cierra y sumerge la bolsa al baño maría. Cocine por 48 horas.

Cuando el cronómetro se haya detenido, retire el brazo y deseche la hoja del cojinete. Reserva los jugos de la sopa. Coloque la pierna en una bandeja para hornear y cocine a la parrilla durante 5 minutos hasta que se dore. Calienta la olla a fuego medio y agrega los jugos de la cocción. Cocine por 10 minutos hasta que espese. Rocíe el cerdo con la salsa y sirva.

Chuleta de cerdo con salsa de café especiada

Tiempo de preparación + cocción: 2 horas 50 minutos | Porciones: 4

Ingredientes

4 chuletas de cerdo con hueso
1 cucharada de pimentón en polvo
1 cucharada de café molido
1 cucharada de azúcar moreno
1 cucharada de sal de ajo
1 cucharada de aceite de oliva

Instrucciones

Preparar un baño maría y colocar en él el Sous Vide. Ajuste a 146 F. Coloque la carne de cerdo en una bolsa sellable al vacío. Liberar el aire mediante el método de desplazamiento de agua, cerrar y sumergir la bolsa en un baño maría. Cocine por 2 horas y 30 minutos.

Mientras tanto, prepara la salsa mezclando bien el pimentón en polvo, el café molido, el azúcar moreno y la sal de ajo. Cuando se detenga el cronómetro, retire la carne de cerdo y séquela.

Rocíe la carne de cerdo con la salsa. Calienta el aceite en una sartén a fuego alto y fríe el cerdo durante 1-2 minutos por lado. Dejar reposar durante 5 minutos. Cortar el cerdo en rodajas y servir.

lomo picante

Tiempo de preparación + cocción: 3 horas 15 minutos | Porciones: 4

Iingredientes

1 kilo de lomo de cerdo, cortado
Agrega sal al gusto
½ cucharadita de pimienta negra
3 cucharadas de pasta de chile

Instrucciones

Preparar un baño maría y colocar en él el Sous Vide. Establezca en 146F.

Mezclar los solomillos con sal y pimienta y colocar en una bolsa con cierre al vacío. Liberar el aire mediante el método de desplazamiento de agua, cerrar y sumergir la bolsa en un baño maría. Cocine por 3 horas.

Cuando el cronómetro se haya detenido, retire la carne de cerdo y unte con pasta de chile. Calienta la parrilla a fuego alto y cocina el lomo por 5 minutos hasta que se dore. Dejar reposar. Cortar el lomo en rodajas y servir.

Chuletas de cerdo saladas con champiñones

Tiempo de preparación + cocción: 65 minutos | Porciones: 2

Ingredientes

2 chuletas de cerdo con hueso, cortadas gruesas
Sal y pimienta negra al gusto
2 cucharadas de mantequilla, fría
4 oz de champiñones silvestres mixtos
¼ taza de jerez
½ taza de caldo de res
1 cucharadita de salvia
1 cucharada de marinada para bistec
Ajo picado para decorar

Instrucciones

Preparar un baño maría y colocar en él el Sous Vide. Establezca en 138F.

Mezclar la carne de cerdo con sal y pimienta y colocar en una bolsa con cierre al vacío. Liberar el aire mediante el método de desplazamiento de agua, cerrar y sumergir la bolsa en un baño maría. Cocine por 45 minutos.

Cuando se detenga el cronómetro, retire la carne de cerdo y séquela. Deseche los jugos de la cocción. Calienta 1 cucharada de mantequilla en una sartén a fuego medio y fríe la carne de cerdo durante 1 minuto por cada lado. Transfiera a un plato y reserve.

Cocine los champiñones en la misma sartén caliente durante 2-3 minutos. Agregue el jerez, el caldo, la salvia y la marinada para bistec hasta que la salsa espese. Agrega la mantequilla restante y sazona con sal y pimienta; Mezclar bien. Rocíe la carne de cerdo con la salsa y decore con cebollino al ajillo para servir.

Crema de panceta y maíz

Tiempo de preparación + cocción: 1 hora 15 minutos | Porciones: 4

Ingredientes

4 mazorcas de maíz, granos afeitados
4 cucharadas de mantequilla
1 taza de leche
1 hoja de laurel
Sal y pimienta blanca al gusto
4 rebanadas de panceta cocidas hasta que estén crujientes
2 cucharadas de cebollino molido

Instrucciones

Preparar un baño maría y colocar en él el Sous Vide. Establezca en 186F.

Combine los granos de maíz, la leche, la mazorca de maíz, 1 cucharada de sal, 1 cucharada de pimienta blanca y la hoja de laurel. Colocar en una bolsa sellable al vacío. Liberar el aire mediante el método de desplazamiento de agua, cerrar y sumergir la bolsa en un baño maría. Cocine por 1 hora.

Cuando el cronómetro se detenga, saca la bolsa y retira las mazorcas de maíz y la hoja de laurel. Pon la mezcla en una licuadora en modo puré durante 1 minuto. Si quieres una textura diferente, añade un poco de leche. Condimentar con sal y pimienta. Adorne la porción con panceta y cebollino.

Brochetas de cerdo con comino y ajo

Tiempo de preparación + cocción: 4 horas 20 minutos | Porciones: 4

Ingredientes

1 kilo de paleta de cerdo deshuesada y cortada en cubitos
Agrega sal al gusto
1 cucharada de nuez moscada molida
1 cucharada de ajo picado
1 cucharadita de comino
1 cucharadita de cilantro
1 cucharadita de ajo en polvo
1 cucharadita de azúcar moreno
1 cucharadita de pimienta negra recién molida
1 cucharada de aceite de oliva

Instrucciones

Preparar un baño maría y colocar en él el Sous Vide. Póngalo a 149 F. Unte la carne de cerdo con sal, ajo, nuez moscada, comino, cilantro, pimienta y azúcar morena y colóquela en una bolsa con cierre al vacío. Liberar el aire mediante el método de desplazamiento de agua, cerrar y sumergir la bolsa en un baño maría. Cocine por 4 horas.

Calienta la parrilla a fuego alto. Cuando se detenga el cronómetro, retire la carne de cerdo y transfiérala a la parrilla. Hornee por 3 minutos hasta que se dore.

Excelentes chuletas de cerdo con balsámico

Tiempo de preparación + cocción: 3 horas 20 minutos | Porciones: 2

Ingredientes

2 chuletas de cerdo
Sal y pimienta negra al gusto
1 cucharada de aceite de oliva
4 cucharadas de vinagre balsámico
2 cucharaditas de romero fresco, picado

Instrucciones

Preparar un baño maría y colocar en él el Sous Vide. Establezca en 146F.

Mezclar la carne de cerdo con sal y pimienta y colocar en una bolsa con cierre al vacío. Liberar el aire mediante el método de desplazamiento de agua, cerrar y sumergir en baño maría. Cocine por 3 horas. Cuando se detenga el cronómetro, retire la carne de cerdo y séquela.

Calienta el aceite de oliva en una sartén y fríe las chuletas durante 5 minutos hasta que se doren. Agrega vinagre balsámico y deja hervir. Repita durante 1 minuto. Emplatar y decorar con romero y aderezo balsámico.

Lombarda y patata con chorizo

Tiempo de preparación + cocción: 2 horas 20 minutos | Porciones: 4

Ingredientes

½ cabeza de col lombarda, en rodajas
1 manzana, cortada en cubos pequeños
24 onzas de papas rojas, cortadas en cuartos
1 cebolla pequeña, rebanada
¼ cucharadita de sal de apio
2 cucharadas de vinagre de sidra
2 cucharadas de azúcar moreno
Pimienta negra al gusto
1 kilo de salchicha de cerdo ahumada precocida, en rodajas
½ taza de caldo de pollo
2 cucharadas de mantequilla

Instrucciones

Preparar un baño maría y colocar en él el Sous Vide. Ajuste a 186 F. Combine el repollo, las papas, la cebolla, la manzana, la sidra, el azúcar moreno, la pimienta negra, el apio y la sal.

Poner las salchichas y la mezcla en una bolsa con cierre al vacío. Liberar el aire mediante el método de desplazamiento de agua, cerrar y sumergir la bolsa en un baño maría. Cocine por 2 horas.

Calienta la mantequilla en una cacerola a fuego medio. Cuando el cronómetro se haya detenido, retira la bolsa y transfiere el contenido a la olla. Cocine hasta que el líquido se evapore. Agrega el repollo, la cebolla y las patatas y sofríe hasta que se doren. Divida la mezcla en platos para servir.

Lomo de cerdo con almendras

Tiempo de preparación + cocción: 3 horas 20 minutos | Porciones: 2

Ingredientes

3 cucharadas de aceite de oliva

3 cucharadas de mostaza

2 cucharadas de miel

Sal y pimienta negra al gusto

2 solomillos de cerdo con hueso

1 cucharada de jugo de limón

2 cucharaditas de vinagre de vino tinto

2 cucharadas de aceite de colza

2 tazas de lechugas tiernas mixtas

2 cucharadas de tomates secados al sol en rodajas finas

2 cucharaditas de almendras tostadas

Instrucciones

Preparar un baño maría y colocar en él el Sous Vide. Establezca en 138F.

Combine 1 cucharada de aceite de oliva, 1 cucharada de miel y 1 cucharada de mostaza y sazone con sal y pimienta. Engrasa el lomo con la mezcla. Colocar en una bolsa sellable al vacío. Liberar el aire mediante el método de desplazamiento de agua, cerrar y sumergir la bolsa en un baño maría. Cocine por 3 horas.

Mientras tanto, prepara el aderezo mezclando jugo de limón, vinagre, 2 cucharadas de aceite de oliva, 2 cucharadas de mostaza y el resto de la miel. Condimentar con sal y pimienta. Cuando el cronómetro se haya detenido, retiramos el lomo. Deseche los jugos de la cocción. Calentar el aceite de colza en una sartén a fuego alto y freír los lados durante 30 segundos por lado. Dejar reposar durante 5 minutos.

Para la ensalada, mezcle en un bol la lechuga, los tomates secos y las almendras. Mezclar 3/4 de la salsa con la salsa de filete espejo y servir con la ensalada.

Agradable Cerdo en Salsa Verde

Tiempo de preparación + cocción: 24 horas 25 minutos | Porciones: 8)

Ingredientes

2 libras de paleta de cerdo deshuesada, cortada en cubitos
Agrega sal al gusto
1 cucharada de comino molido
1 cucharadita de pimienta negra recién molida
1 cucharada de aceite de oliva
1 kilo de tomatillos
3 chiles poblanos, finamente sin semillas y cortados en cubitos
½ ajo finamente picado
1 serrano, sin semillas y cortado en cubitos
3 dientes de ajo machacados
1 manojo de cilantro picado grueso
1 taza de caldo de pollo
½ taza de jugo de lima
1 cucharada de orégano

Instrucciones

Preparar un baño maría y colocar en él el Sous Vide. Ajuste a 149 F. Sazone la carne de cerdo con sal, comino y pimienta. Calienta el aceite en una sartén a fuego alto y fríe el cerdo durante 5-7 minutos. Dejar de lado. En la misma sartén cocina los tomatillos, el poblano, la cebolla, el serrano y el ajo durante 5 minutos. Transfiera a un procesador de alimentos y agregue cilantro, jugo de limón, caldo de pollo y orégano. Mezclar durante 1 minuto.

Poner el cerdo y la salsa en una bolsa cerrada al vacío. Liberar el aire mediante el método de desplazamiento de agua, cerrar y sumergir la bolsa en un baño maría. Cocine por 24 horas. Cuando el cronómetro se haya detenido, retire la bolsa y transfiérala a tazones para servir. Espolvorea sal y pimienta encima. Servir con arroz.

Costillas de cerdo picantes con coco

Tiempo de preparación + cocción: 8 horas 30 minutos | Porciones: 4

Ingredientes

1/3 taza de leche de coco
2 cucharadas de mantequilla de coco
2 cucharadas de salsa de soja
2 cucharadas de azúcar moreno
2 cucharadas de vino blanco seco
1 tallo de limoncillo, picado
1 cucharada de salsa sriracha
1 cucharada de jengibre fresco rallado
2 dientes de ajo, rebanados
2 cucharaditas de aceite de sésamo
1 kilo de costillas de cerdo deshuesadas
Cilantro fresco picado
Arroz basmati cocido para servir

Instrucciones

Preparar un baño maría y colocar en él el Sous Vide. Establezca en 134F.

En un procesador de alimentos, mezcle la leche de coco, la mantequilla de coco, la salsa de soja, el azúcar moreno, el vino, la hierba de limón, el jengibre, la salsa sriracha, el ajo y el aceite de sésamo hasta que quede suave.

Coloca las costillas y úntalas con la mezcla en una bolsa sellable al vacío. Liberar el aire mediante el método de desplazamiento de agua, cerrar y sumergir la bolsa en un baño maría. Cocine por 8 horas.

Cuando el cronómetro se haya detenido, retire las costillas y transfiéralas a un plato. Calienta la olla a fuego medio y vierte los jugos de la cocción. Hervir durante 10-15 minutos. Agrega las costillas a la salsa y mezcla bien. Hervir durante 5 minutos. Adorne con cilantro y sirva con arroz.

Jugosas costillas BBQ BBQ

Tiempo de preparación + cocción: 16 horas 50 minutos | Porciones: 5

Ingredientes

4 kilos de costillitas de cerdo
3½ tazas de salsa BBQ
⅓ taza de puré de tomate
4 cebollas picadas
2 cucharadas de perejil fresco picado

Instrucciones

Preparar un baño maría y colocar en él el Sous Vide. Establezca en 162F.

Coloque las costillas individuales en una bolsa sellable al vacío con 3 tazas de salsa BBQ. Liberar el aire mediante el método de desplazamiento de agua, cerrar y sumergir la bolsa en un baño maría. Cocine por 16 horas.

Mezcle el resto de la salsa BBQ y el puré de tomate en un bol. Reservar en el frigorífico.

Cuando el cronómetro se haya detenido, retira las costillas y sécalas con un paño de cocina. Deseche los jugos de la cocción.

Precaliente el horno a 300 F. Unte las costillas con salsa BBQ por ambos lados y transfiéralas al horno. Hornee por 10 minutos. Unte nuevamente con salsa y hornee por otros 30 minutos. Adorne con cebolla y perejil y sirva.

Filetes de cerdo al ajillo

Tiempo de preparación + cocción: 2 horas 8 minutos | Porciones: 3

Ingredientes:

1 kilo de lomo de cerdo

1 taza de caldo de verduras

2 dientes de ajo, picados

1 cucharadita de ajo en polvo

3 cucharadas de aceite de oliva

Sal y pimienta negra al gusto

Direcciones:

Prepare un baño de agua, coloque el Sous Vide y póngalo a 136F.

Enjuague bien la carne y séquela con toallas de papel. Frote con ajo en polvo, sal y pimienta negra. Colocar en una bolsa grande con cierre al vacío con el caldo y el ajo picado. Cerrar la bolsa y sumergir en un baño de agua. Cocine por 2 horas. Saca el lomo de la bolsa y sécalo con una toalla de papel.

Calienta el aceite en una sartén grande. Dorar el filete durante 2-3 minutos por cada lado. Cortar la carne de cerdo en rodajas, colocarla en un plato y verter sobre la sartén los jugos. Atender.

Solomillo de cerdo salado al tomillo y al ajillo

Tiempo de preparación + cocción: 2 horas 25 minutos | Porciones: 8

Ingredientes

2 cucharadas de mantequilla
1 cucharada de cebolla en polvo
1 cucharada de comino molido
1 cucharada de cilantro
1 cucharada de romero seco
Agrega sal al gusto
1 (3 kilos) de lomo de cerdo, sin piel
1 cucharada de aceite de oliva

Instrucciones

Preparar un baño maría y colocar en él el Sous Vide. Establezca a 140F.

Combine la cebolla en polvo, el comino, el ajo en polvo, el romero y la sal de lima. Unte la carne de cerdo primero con aceite de oliva y sal, luego con la mezcla de cebolla.

Colocar en una bolsa sellable al vacío. Liberar el aire mediante el método de desplazamiento de agua, cerrar y sumergir la bolsa en un baño maría. Cocine por 2 horas.

Cuando el cronómetro se haya detenido, retira la carne de cerdo y sécala con una toalla de papel. Deseche los jugos de la cocción. Calienta la mantequilla en una sartén a fuego alto y fríe la carne de cerdo durante 3-4 minutos hasta que se dore por todos lados. Deja enfriar por 5 minutos y corta en medallones.

Chuletas de cerdo con salsa de champiñones

Tiempo de preparación + cocción: 1 hora 10 minutos | Porciones: 3

Ingredientes:

3 (8 oz) chuletas de cerdo

Sal y pimienta negra al gusto

3 cucharadas de mantequilla, sin sal

6 onzas de champiñones

½ taza de caldo de res

2 cucharadas de salsa inglesa

3 cucharadas de cebollino al ajillo picado para decorar

Direcciones:

Haga un baño de agua, ponga el Sous Vide y ajuste a 140 F. Frote las chuletas de cerdo con sal y pimienta y colóquelas en una bolsa con cierre al vacío. Liberar el aire mediante el método de desplazamiento de agua, cerrar y sumergir la bolsa en un baño maría. Configure el cronómetro en 55 minutos.

Cuando el cronómetro se haya detenido, retira y abre la bolsa. Retire la carne de cerdo y séquela con una toalla de papel. Desecha los jugos. Pon la sartén a fuego medio y agrega 1 cucharada de mantequilla. Freír el cerdo durante 2 minutos por ambos lados. Dejar de lado. Agrega los champiñones a la sartén mientras aún están calientes y cocina por 5 minutos. Apaga el fuego, agrega el resto de la mantequilla y revuelve hasta que la mantequilla se derrita. Sazone con pimienta y sal. Sirve las chuletas de cerdo encima de la salsa de champiñones.

Salchichas dulces de manzana

Tiempo de preparación + cocción: 55 minutos | Porciones: 4

Ingredientes

¾ cucharadita de aceite de oliva
4 salchichas italianas
4 cucharadas de jugo de manzana

Instrucciones

Preparar un baño maría y colocar en él el Sous Vide. Establezca en 162F.

Coloca las salchichas y 1 cucharada de sidra por salchicha en una bolsa con cierre al vacío. Liberar el aire mediante el método de desplazamiento de agua, cerrar y sumergir la bolsa en un baño maría. Cocine por 45 minutos.

Calienta el aceite en una sartén a fuego medio. Cuando se detenga el cronómetro, retire las salchichas, transfiéralas a la sartén y cocine durante 3-4 minutos hasta que se doren.

Tacos de cerdo con naranja dulce

Tiempo de preparación + cocción: 7 horas 10 minutos | Porciones: 8

Ingredientes

½ taza de jugo de naranja
4 cucharadas de miel
2 cucharadas de ajo fresco, picado
2 cucharadas de jengibre fresco, picado
2 cucharadas de salsa inglesa
2 cucharaditas de salsa hoisin
2 cucharaditas de salsa sriracha
cáscara de ½ naranja
1 kilo de paleta de cerdo
8 tortillas de harina, calentadas
½ taza de cilantro fresco picado
1 lima, cortada en rodajas

Instrucciones

Preparar un baño maría y colocar en él el Sous Vide. Establezca en 175F.

Mezcla bien el jugo de naranja, 3 cucharadas de miel, ajo, jengibre, salsa inglesa, salsa hoisin, Sriracha y ralladura de naranja.

Poner el cerdo en una bolsa de vacío y agregar a la salsa de naranja. Liberar el aire mediante el método de desplazamiento de agua, cerrar y sumergir la bolsa en un baño maría. Cocine por 7 horas.

Cuando el cronómetro se detenga, retire la carne de cerdo y transfiérala a una bandeja para hornear. Reserva los jugos de la cocción.

Calienta la olla a fuego medio y vierte los jugos con el resto de la miel. Cocine durante 5 minutos hasta que burbujee y se reduzca a la mitad. Unte la carne de cerdo con la salsa. Rellena las tortillas con carne de cerdo. Adorne con cilantro y agregue el resto de la salsa para servir.

Carnitas De Cerdo Mexicanas Con Salsa Roja

Tiempo de preparación + cocción: 49 horas 40 minutos | Porciones: 8

Ingredientes

3 cucharadas de aceite de oliva

2 cucharadas de hojuelas de pimiento rojo

Agrega sal al gusto

2 cucharaditas de chile mexicano en polvo picante

2 cucharaditas de orégano seco

½ cucharadita de canela molida

2¼ kilos de paleta de cerdo deshuesada

4 tomates maduros pequeños, cortados en cubitos

¼ de cebolla morada, picada

¼ de taza de hojas de cilantro picadas

Jugo de limón recién exprimido

8 tortillas de maiz

Instrucciones

Mezcle bien las hojuelas de pimentón, la sal kosher, el chile mexicano picante en polvo, el orégano y la canela. Unte la mezcla de chile sobre la carne de cerdo y cubra con papel de aluminio. Dejar enfriar durante 1 hora.

Preparar un baño maría y poner en él el Sous Vide. Ajuste a 159 F. Coloque la carne de cerdo en una bolsa sellable al vacío. Liberar el aire mediante el método de desplazamiento de agua, cerrar y sumergir en baño maría. Cocine por 48 horas. 15 minutos antes del final, mezcle los tomates, la cebolla y el cilantro. Agrega el jugo de limón y la sal.

Cuando se detenga el cronómetro, retire la bolsa y transfiera la carne de cerdo a una tabla de cortar. Deseche los jugos de la cocción. Tirar la carne hasta que quede deshebrada. Calienta aceite vegetal en una sartén a fuego medio y fríe la carne de cerdo desmenuzada hasta que quede crocante y crocante. Rellena la tortilla con carne de cerdo. Cubra con salsa roja y sirva.

Tacos de pollo con chile y chorizo con queso

Tiempo de preparación + cocción: 3 horas 25 minutos | Porciones: 8

Ingredientes

2 salchichas de cerdo, sin tripa
1 chile poblano, tallos y semillas
½ chile jalapeño, tallo y semillas
4 cebollas picadas
1 manojo de hojas de cilantro fresco
½ taza de perejil fresco picado
3 dientes de ajo
2 cucharadas de jugo de lima
1 cucharadita de sal
¾ cucharadita de cilantro molido
¾ cucharadita de comino molido
4 pechugas de pollo deshuesadas y sin piel, en rodajas
1 cucharada de aceite vegetal
½ cebolla amarilla cortada en rodajas finas
8 tacos de maíz
3 cucharadas de queso provolone
1 tomate
1 lechuga iceberg, picada

Instrucciones

Coloque ½ taza de agua, chile poblano, chile jalapeño, cebolletas, cilantro, perejil, ajo, jugo de limón, sal, cilantro y comino en una licuadora y mezcle hasta que quede suave. Pon las tiras de pollo y la mezcla de pimientos en una bolsa con cierre al vacío. Transfiera al refrigerador y déjelo reposar durante 1 hora.

Preparar un baño maría y poner en él el Sous Vide. Ajuste a 141 F. Coloque la mezcla de pollo en el baño. Cocine por 1 hora y 30 minutos.

Calienta el aceite en una sartén a fuego medio y sofríe la cebolla durante 3 minutos. Añade el chorizo y cocina durante 5-7 minutos. Cuando el cronómetro se detenga, retira el pollo. Deseche los jugos de la cocción. Agrega el pollo y mezcla bien. Rellena las tortillas con la mezcla de pollo y chorizo. Cubra con queso, tomate y ensalada. Atender.

Pollo con verduras

Tiempo de preparación + cocción: 2 horas 15 minutos | Porciones: 2

Ingredientes:

1 kilo de pechuga de pollo, deshuesada y sin piel
1 taza de pimiento rojo, rebanado
1 taza de pimiento verde, rebanado
1 taza de calabacín, rebanado
½ taza de cebolla picada
1 taza de floretes de coliflor
½ taza de jugo de limón recién exprimido
½ taza de caldo de pollo
½ cucharadita de jengibre molido
1 cucharadita de sal rosa del Himalaya

Direcciones:

En un bol mezcla el jugo de limón con el caldo de pollo, el jengibre y la sal. Mezclar bien y agregar las verduras cortadas en rodajas. Dejar de lado. Enjuague bien la pechuga de pollo con agua fría. Corta la carne en trozos pequeños con un cuchillo de cocina afilado.

Combine con otros ingredientes y mezcle bien. Transfiera a una bolsa grande que se pueda sellar al vacío y selle. Cocine en Sous Vide durante 2 horas a 167F. Servir inmediatamente.

Pollo fácil y picante con miel

Tiempo de preparación + cocción: 1 hora 45 minutos | Porciones: 4

Ingredientes

8 cucharadas de mantequilla

8 dientes de ajo, picados

6 cucharadas de salsa de chile

1 cucharadita de comino

4 cucharadas de miel

Zumo de 1 lima

Sal y pimienta negra al gusto

4 pechugas de pollo deshuesadas y sin piel

Instrucciones

Preparar un baño maría y colocar en él el Sous Vide. Establezca en 141F.

Calienta la olla a fuego medio y agrega mantequilla, ajo, comino, salsa picante, azúcar, jugo de limón y una pizca de sal y pimienta. Hervir durante 5 minutos. Reservar y dejar enfriar.

Sazona el pollo con sal y pimienta y ponlo en 4 bolsas para envasar al vacío con la marinada. Liberar el aire mediante el método de desplazamiento de agua, cerrar y sumergir las bolsas en un baño maría. Cocine por 1 hora y 30 minutos.

Cuando el cronómetro se haya detenido, retira el pollo y sécalo con una toalla de papel. Reserva la mitad del jugo de cocción de cada bolsa y transfiérelo a una cacerola a fuego medio. Cocine hasta que hierva la salsa, luego agregue el pollo y cocine por 4 minutos. Retire el pollo y córtelo en rodajas. Servir con arroz.

Cordon Bleu De Pollo Clásico

Tiempo de preparación + cocción: 1 hora 50 minutos + tiempo de enfriamiento | Porciones: 4

Ingredientes

½ taza de mantequilla
4 pechugas de pollo deshuesadas y sin piel
Sal y pimienta negra al gusto
1 cucharadita de pimienta de cayena
4 dientes de ajo, picados
8 lonchas de jamón
8 lonchas de queso emmental

Instrucciones

Preparar un baño maría y colocar en él el Sous Vide. Ajuste a 141 F. Sazone el pollo con sal y pimienta. Cubrir con film transparente y enrollar. Reservar y dejar enfriar.

Calienta una olla a fuego medio y agrega pimienta negra, pimienta de cayena, 1/4 taza de mantequilla y ajo. Cocine hasta que la mantequilla se derrita. Transfiera a un tazón.

Frote el pollo por un lado con la mezcla de mantequilla. Luego coloca 2 lonchas de jamón y 2 lonchas de queso y tapa. Enrolle cada pechuga con film transparente y transfiérala al refrigerador durante 2 a 3 horas o al congelador durante 20 a 30 minutos.

Coloca la pechuga en dos bolsas con cierre al vacío. Liberar el aire mediante el método de desplazamiento de agua, cerrar y sumergir las bolsas en un baño maría. Cocine por 1 hora y 30 minutos.

Cuando el cronómetro se haya detenido, retira las pechugas y retira el plástico. Calienta la mantequilla restante en una sartén a fuego medio y fríe el pollo durante 1-2 minutos por cada lado.

Pollo frito casero crujiente

Tiempo de preparación + cocción: 3 horas 20 minutos | Porciones: 8)

Ingredientes

½ cucharada de albahaca seca

2¼ tazas de crema agria

8 muslos de pollo

Sal y pimienta blanca al gusto

½ taza de aceite vegetal

3 tazas de harina

2 cucharadas de ajo en polvo

1 ½ cucharada de pimiento rojo de cayena en polvo

1 cucharada de mostaza seca

Instrucciones

Preparar un baño maría y colocar en él el Sous Vide. Ajuste a 156 F. Sazone con sal para pollo y colóquelo en una bolsa sellable al vacío. Liberar el aire mediante el método de desplazamiento de agua, cerrar y sumergir en baño maría. Cocine por 3 horas. Cuando el cronómetro se haya detenido, retira el pollo y sécalo con una toalla de papel.

Combine la sal, la harina, el ajo en polvo, la pimienta blanca, el pimiento rojo de cayena en polvo, la mostaza, la pimienta blanca y la albahaca en un bol. Pon la crema agria en otro bol.

Sumerge el pollo en la mezcla de harina, luego en la crema agria y nuevamente en la mezcla de harina. Calienta el aceite en una sartén a fuego medio. Poner los abedules y cocinar durante 3-4 minutos hasta que estén crujientes. Atender.

Pechugas de pollo picantes

Tiempo de preparación + cocción: 1 hora 40 minutos | Porciones: 4

Ingredientes

½ taza de salsa de chile
2 cucharadas de mantequilla
1 cucharada de vinagre blanco
1 cucharada de vinagre de champán
4 pechugas de pollo cortadas por la mitad
Sal y pimienta negra al gusto

Instrucciones

Preparar un baño maría y colocar en él el Sous Vide. Establezca en 141F.

Calienta la olla a fuego medio y mezcla la salsa de chile, 1 cucharada de mantequilla y vinagre. Cocine hasta que la mantequilla se derrita. Dejar de lado.

Sazona el pollo con sal y pimienta y ponlo en dos bolsas al vacío con la mezcla de chiles. Liberar el aire mediante el método de desplazamiento de agua, cerrar y sumergir las bolsas en un baño maría. Cocine por 1 hora y 30 minutos.

Cuando el cronómetro se haya detenido, retira el pollo y transfiérelo a una bandeja para hornear. Deseche los jugos de la cocción. Calienta el resto de la mantequilla en una sartén a fuego alto y fríe el pollo durante 1 minuto por lado. Cortado en tiras. Servir con una ensalada.

Wraps de lechuga salados con pollo con chile y jengibre

Tiempo de preparación + cocción: 1 hora 45 minutos | Porciones: 5

Ingredientes

½ taza de salsa hoisin
½ taza de salsa de chile dulce
3 cucharadas de salsa de soja
2 cucharadas de jengibre rallado
2 cucharadas de jengibre molido
1 cucharada de azúcar moreno
2 dientes de ajo, picados
Zumo de 1 lima
4 pechugas de pollo cortadas en cubitos
Sal y pimienta negra al gusto
12 hojas de lechuga, enjuagadas
⅛ taza de semillas de amapola
4 cebolletas

Instrucciones

Preparar un baño maría y poner en él el Sous Vide. Ajuste a 141 F. Combine la salsa de chile, el jengibre, la salsa de soja, el azúcar moreno, el ajo y el jugo de media lima. Calienta la olla a fuego medio y vierte la mezcla. Hervir durante 5 minutos. Dejar de lado.

Sazona las pechugas con sal y pimienta. Colóquelos en una capa uniforme en una bolsa sellable al vacío con la mezcla de salsa de chile. Liberar el aire mediante el método de desplazamiento de agua, cerrar y sumergir la bolsa en un baño maría. Cocine por 1 hora y 30 minutos.

Cuando el cronómetro se haya detenido, retira el pollo y sécalo con una toalla de papel. Deseche los jugos de la cocción. Combine la salsa hoisin con los cubos de pollo y mezcle bien. Apila 6 hojas de lechuga.

Divida el pollo entre las hojas de lechuga y espolvoree con semillas de amapola y cebollino antes de envolverlo.

Pechugas de pollo al limón aromáticas

Tiempo de preparación + cocción: 1 hora 50 minutos | Porciones: 4

Ingredientes

3 cucharadas de mantequilla

4 pechugas de pollo deshuesadas y sin piel

Sal y pimienta negra al gusto

Ralladura y jugo de 1 limón

¼ taza de crema espesa

2 cucharadas de caldo de pollo

1 cucharada de hojas de salvia fresca picadas

1 cucharada de aceite de oliva

3 dientes de ajo, picados

1/4 taza de cebolla morada, picada

1 limón grande en rodajas finas

Instrucciones

Preparar un baño maría y colocar en él el Sous Vide. Ajuste a 141 F. Sazone la pechuga con sal y pimienta.

Calienta una cacerola a fuego medio y combina el jugo y la ralladura de limón, la crema espesa, 2 cucharadas de mantequilla, el caldo de pollo, la salvia, el aceite de oliva, el ajo y la cebolla morada. Cocine hasta que la mantequilla se derrita. Coloca las pechugas en dos bolsas sellables al vacío con la mezcla de mantequilla de limón. Agrega las rodajas de limón. Liberar el aire mediante el método de desplazamiento de agua, sellar y sumergir las bolsas en el baño. Cocine por 90 minutos.

Cuando el cronómetro se haya detenido, retire las pechugas y séquelas con una toalla de papel. Deseche los jugos de la cocción. Calentar el resto de la mantequilla en una sartén y freír la pechuga durante 1 minuto por lado. Cortar las pechugas en tiras. Servir con arroz.

Pollo A La Mostaza Y Ajo

Tiempo de preparación + cocción: 60 minutos | Porciones: 5

Ingredientes:

17 onzas de pechuga de pollo

1 cucharada de mostaza Dijon

2 cucharadas de mostaza en polvo

2 cucharaditas de salsa de tomate

3 cucharadas de mantequilla

1 cucharadita de sal

3 cucharaditas de ajo picado

¼ taza de salsa de soja

Direcciones:

Preparar un baño maría y colocar en él el Sous Vide. Ajuste a 150 F. Coloque todos los ingredientes en una bolsa sellable al vacío y agite para combinar. Liberar el aire mediante el método de desplazamiento de agua, cerrar y sumergir la bolsa en un baño maría. Configure el cronómetro en 50 minutos. Cuando el cronómetro se detenga, retira el pollo y córtalo en rodajas. Servir caliente.

un pollo entero

Tiempo de preparación + cocción: 6 horas 40 minutos | Porciones: 6

Ingredientes:

1 pollo entero mediano
3 dientes de ajo
3 onzas de tallos de apio picados
3 cucharadas de mostaza
Sal y pimienta negra al gusto
1 cucharada de mantequilla

Direcciones:

Preparar un baño maría y colocar en él el Sous Vide. Ajuste a 150 F. Combine todos los ingredientes en una bolsa sellable al vacío. Liberar el aire mediante el método de desplazamiento de agua, cerrar y sumergir la bolsa en el baño. Configure el cronómetro en 6 horas y 30 minutos. Una vez hecho esto, deja que el pollo se enfríe un poco antes de cortarlo.

Deliciosas alitas de pollo con salsa búfalo

Tiempo de preparación + cocción: 3 horas | Porciones: 3

Ingredientes

3 kilos de alitas de pollo capón
2½ tazas de salsa búfalo
1 manojo de perejil fresco

Instrucciones

Preparar un baño maría y colocar en él el Sous Vide. Establezca en 148F.

Sazona las alitas de capón con sal y pimienta. Colócalo en una bolsa sellada al vacío con 2 tazas de salsa búfalo. Liberar el aire mediante el método de desplazamiento de agua, cerrar y sumergir la bolsa en un baño maría. Cocine por 2 horas. Calienta el horno hasta que esté listo.

Cuando se detenga el cronómetro, retire las alas y transfiéralas a un tazón. Vierta el resto de la salsa búfalo y mezcle bien. Transfiera las alitas a una bandeja para hornear forrada con papel de aluminio y cúbralas con el resto de la salsa. Hornee por 10 minutos, volteando al menos una vez. Adorne con perejil.

Deliciosos muslos de pollo con salsa dulce de lima

Tiempo de preparación + cocción: 14 horas 30 minutos | Porciones: 8

Ingredientes

¼ taza de aceite de oliva
12 patas de pollo
4 pimientos rojos, picados
6 cebolletas, picadas
4 dientes de ajo, picados
1 onza de jengibre fresco, picado
½ taza de salsa inglesa
¼ de taza de jugo de lima
2 cucharadas de cáscara de lima
2 cucharadas de azúcar
2 cucharadas de hojas frescas de tomillo
1 cucharada de pimienta de Jamaica
Sal y pimienta negra al gusto
1 cucharadita de nuez moscada molida

Instrucciones

Coloque los pimientos, la cebolla, el ajo, el jengibre, la salsa inglesa, el aceite de oliva, el jugo y la ralladura de lima, el azúcar, el tomillo, la pimienta de Jamaica, la sal, la pimienta negra y la nuez moscada en un procesador de alimentos. y remover. Reserva 1/4 taza de salsa.

Coloca el pollo y la salsa de lima en una bolsa con cierre al vacío. Libere el aire utilizando el método de desplazamiento de agua. Transfiera al refrigerador y deje marinar durante 12 horas.

Preparar un baño maría y colocar en él el Sous Vide. Ajuste a 152 F. Selle y sumerja la bolsa en un baño de agua. Cocine por 2 horas. Cuando el cronómetro se haya detenido, retira el pollo y sécalo con una toalla de papel. Deseche los jugos de la cocción. Unte el pollo con la salsa de lima reservada. Calienta una sartén a fuego alto y fríe el pollo durante 30 segundos por lado.

Pechuga de pollo con salsa cajún

Tiempo de preparación + cocción: 1 hora 55 minutos | Porciones: 4

Ingredientes

2 cucharadas de mantequilla
4 pechugas de pollo deshuesadas y sin piel
Sal y pimienta negra al gusto
1 cucharadita de comino
½ taza de adobo de pollo cajún

Instrucciones

Preparar un baño maría y colocar en él el Sous Vide. Ponga a 141 F. Sazone las pechugas con sal y pimienta y colóquelas en dos bolsas selladas al vacío con la salsa cajún. Liberar el aire mediante el método de desplazamiento de agua, cerrar y sumergir las bolsas en un baño maría. Cocine por 1 hora y 30 minutos.

Cuando el cronómetro se detenga, retire el pollo y séquelo. Deseche los jugos de la cocción. Calienta la mantequilla en una sartén a fuego alto y fríe la pechuga durante 1 minuto por lado. Cortar las pechugas y servir.

pechuga de pollo sriracha

Tiempo de preparación + cocción: 1 hora 55 minutos | Porciones: 4

Ingredientes

8 cucharadas de mantequilla, en cubos
1 kilo de pechugas de pollo deshuesadas y sin piel
Sal y pimienta negra al gusto
1 cucharadita de nuez moscada
1½ tazas de salsa sriracha

Instrucciones

Preparar un baño maría y colocar en él el Sous Vide. Establezca en 141F.

Sazona las pechugas con sal, nuez moscada y pimienta y. colocar en dos bolsas selladas al vacío con la salsa sriracha. Liberar el aire mediante el método de desplazamiento de agua, cerrar y sumergir las bolsas en un baño maría. Cocine por 1 hora y 30 minutos.

Cuando el cronómetro se haya detenido, retira el pollo y sécalo con una toalla de papel. Deseche los jugos de la cocción. Calienta la mantequilla en una sartén a fuego alto y cocina las pechugas durante 1 minuto por lado. Cortar las pechugas en trozos pequeños.

Pollo al perejil con salsa de curry

Tiempo de preparación + cocción: 2 horas 35 minutos | Porciones: 4

Ingredientes

4 pechugas de pollo deshuesadas y sin piel
Sal y pimienta negra al gusto
1 cucharada de tomillo
1 cucharada de perejil
5 tazas de salsa de mantequilla y curry

Instrucciones

Preparar un baño maría y colocar en él el Sous Vide. Establezca en 141F.

Sazona el pollo con sal, tomillo, perejil y pimienta. Colocar en dos bolsas sellables al vacío con la salsa. Liberar el aire mediante el método de desplazamiento de agua, cerrar y sumergir las bolsas en un baño maría. Cocine por 1 hora y 30 minutos.

Cuando el cronómetro se haya detenido, retira el pollo y sécalo con una toalla de papel. Reserva los jugos de la sopa. Calienta la olla a fuego alto y vierte los jugos. Cocine por 10 minutos hasta que reduzca. Corta el pollo en trozos y agrégalos a la salsa. Cocine durante 2-3 minutos. Servir inmediatamente.

Pechuga de pollo glaseada con parmesano

Tiempo de preparación + cocción: 65 minutos | Porciones: 4

Ingredientes:

2 pechugas de pollo, sin piel y deshuesadas
1 ½ tazas de pesto de albahaca
½ taza de nueces de macadamia, molidas
¼ taza de queso parmesano rallado
3 cucharadas de aceite de oliva

Direcciones:

Haga un baño de agua, ponga el Sous Vide y póngalo a 65 F. Corte el pollo en trozos pequeños y cúbralo con pesto. Coloque el pollo en dos bolsas de vacío separadas sin taparlas.

Libere el aire utilizando el método de desplazamiento de agua y selle las bolsas. Sumérgelos en un baño de agua y programa el cronómetro en 50 minutos. Cuando el cronómetro se detenga, retira y abre las bolsas.

Transfiera los trozos de pollo a un plato sin jugos. Espolvoree nueces de macadamia y queso encima y cubra bien. Pon la sartén a fuego alto, agrega aceite de oliva. Cuando el aceite esté caliente, sofreír rápidamente el pollo rebozado durante 1 minuto. Escurrir la grasa. Servir como aperitivo.

Pollo molido con tomates

Tiempo de preparación + cocción: 100 minutos | Porciones: 4

Ingredientes:

1 kilo de pollo molido
2 cucharadas de puré de tomate
¼ taza de caldo de pollo
¼ taza de jugo de tomate
1 cucharada de azúcar blanca
1 cucharadita de tomillo
1 cucharada de cebolla en polvo
½ cucharadita de orégano

Direcciones:

Preparar un baño maría y colocar en él el Sous Vide. Establezca en 147F.

Mezclar todos los ingredientes excepto el pollo en una cacerola. Cocine a fuego medio durante 2 minutos. Transfiera a una bolsa sellable al vacío. Liberar el aire mediante el método de desplazamiento de agua, cerrar y sumergir la bolsa en el baño. Cocine por 80 minutos. Cuando esté listo, retira la bolsa y corta en rodajas. Servir caliente.

Guiso de pollo con champiñones

Tiempo de preparación + cocción: 1 hora 5 minutos | Porciones: 2

Ingredientes:

2 muslos de pollo medianos, sin piel

½ taza de tomates asados al fuego, cortados en cubitos

½ taza de caldo de pollo

1 cucharada de puré de tomate

½ taza de champiñones, picados

1 tallo mediano de apio

1 zanahoria pequeña, picada

1 cebolla pequeña, picada

1 cucharada de albahaca fresca, picada

1 diente de ajo, machacado

Sal y pimienta negra al gusto

Direcciones:

Haga un baño de agua, ponga el Sous Vide y póngalo a 129 F. Frote los muslos con sal y pimienta. Dejar de lado. Cortar el tallo de apio en trozos de medio centímetro de largo.

Ahora mete la carne en una bolsa grande con cierre al vacío junto con la cebolla, la zanahoria, los champiñones, el tallo de apio y los tomates asados al fuego. Sumerja la bolsa sellada en un baño de agua y programe el cronómetro en 45 minutos.

Cuando el cronómetro se haya detenido, retira la bolsa del baño maría y ábrela. La carne debe desprenderse fácilmente del hueso, así que quítale los huesos.

Calienta el aceite en una cacerola mediana y agrega el ajo. Freír durante unos 3 minutos, revolviendo todo el tiempo. Agrega el contenido de la bolsa, el caldo de pollo y el puré de tomate. Llévalo a ebullición y reduce el fuego a medio. Cocine por otros 5 minutos, revolviendo ocasionalmente. Sirva espolvoreado con albahaca.

La pechuga de pollo sin dorar más fácil

Tiempo de preparación + cocción: 75 minutos | Porciones: 3

Ingredientes:

1 libra de pechuga de pollo, deshuesada
Sal y pimienta negra al gusto
1 cucharadita de ajo en polvo

Direcciones:

Haga un baño de agua, coloque el Sous Vide en él y póngalo a 150F. Seque la pechuga de pollo y sazone con sal, ajo en polvo y pimienta. Coloque el pollo en una bolsa sellable al vacío, libere el aire mediante el método de desplazamiento de agua y séllela.

Poner en agua y programar el temporizador para cocinar durante 1 hora. Cuando el cronómetro se haya detenido, retira y abre la bolsa. Retire el pollo y déjelo enfriar para usarlo más tarde.

Muslos de pollo a la naranja

Tiempo de preparación + cocción: 2 horas | Porciones: 4

Ingredientes:

2 kilos de muslos de pollo
2 chiles pequeños, picados
1 taza de caldo de pollo
1 cebolla, picada
½ taza de jugo de naranja recién exprimido
1 cucharadita de extracto de naranja, líquido
2 cucharadas de aceite vegetal
1 cucharadita de mezcla de condimentos para barbacoa
Adorne con perejil fresco

Direcciones:

Haga un baño de agua, coloque el Sous Vide en él y póngalo a 167F.

Calienta el aceite de oliva en una olla grande. Agrega la cebolla picada y sofríe durante 3 minutos a fuego medio hasta que esté transparente.

Mezcle el jugo de naranja con el ají y el extracto de naranja en un procesador de alimentos. Pulse hasta que esté bien combinado. Vierte la mezcla en la olla y reduce el fuego. Cocine a fuego lento durante 10 minutos.

Cubra el pollo con la mezcla de condimentos para barbacoa y colóquelo en la olla. Agrega el caldo de pollo y cocina hasta que se haya evaporado la mitad del líquido. Transfiera a una bolsa grande que se pueda sellar al vacío y selle. Sumergir la bolsa al baño maría y hervir durante 45 minutos. Cuando el cronómetro se haya detenido, retira la bolsa del baño maría y ábrela. Adorne con perejil fresco y sirva.

Pollo al tomillo con limón

Tiempo de preparación + cocción: 2 horas 15 minutos | Porciones: 3

Ingredientes:

3 muslos de pollo
Sal y pimienta negra al gusto
3 rodajas de limón
3 ramitas de tomillo
3 cucharadas de aceite de oliva para freír

Direcciones:

Haga un baño de agua, ponga el Sous Vide y póngalo a 165 F. Sazone el pollo con sal y pimienta. Cubra con rodajas de limón y ramitas de tomillo. Colóquelos en una bolsa sellable al vacío, libere el aire mediante el método de desplazamiento de agua y selle la bolsa. Sumerge en una bolsa de agua y programa el temporizador durante 2 horas.

Cuando el cronómetro se haya detenido, retira y abre la bolsa. Calienta el aceite de oliva en una sartén de hierro fundido a fuego alto. Ponga los muslos de pollo, con la piel hacia abajo, en la sartén y fríalos hasta que estén dorados. Adorne con rodajas de limón adicionales. Sirva con arroz con coli.

Ensalada de pollo al pimentón

Tiempo de preparación + cocción: 1 hora 15 minutos | Porciones: 4

Ingredientes:

4 pechugas de pollo, deshuesadas y sin piel
¼ de taza de aceite vegetal más tres cucharadas para ensalada
1 cebolla mediana, pelada y picada
6 tomates cherry, cortados por la mitad
Sal y pimienta negra al gusto
1 taza de lechuga, picada
2 cucharadas de jugo de limón recién exprimido

Direcciones:

Haga un baño de agua, coloque el Sous Vide en él y ajuste a 149F.

Enjuague bien la carne con agua fría y séquela con una toalla de papel. Cortar la carne en trozos pequeños y colocar en una bolsa para sellar al vacío con ¼ de taza de aceite y sellar. Sumerja la bolsa en un baño de agua. Cuando el cronómetro se haya detenido, retire el pollo de la bolsa, séquelo y déjelo enfriar a temperatura ambiente.

Mezcla la cebolla, los tomates y la lechuga en un bol grande. Por último, agrega las pechugas de pollo y sazona con tres cucharadas de aceite, jugo de limón y sal al gusto. Cubra con yogur griego y aceitunas. Sin embargo, es opcional. Servir frío.

un pollo entero

Tiempo de preparación + cocción: 7 horas 15 minutos | Porciones: 6

Ingredientes:

1 (5 libras) de pollo entero, parrilla
5 tazas de caldo de pollo
3 tazas de pimientos mixtos cortados en cubitos
3 tazas de apio, cortado en cubitos
3 tazas de puerros, picados
1 ¼ cucharadita de sal
1 ¼ cucharadita de pimienta negra
2 hojas de laurel

Direcciones:

Haga un baño de agua, ponga el Sous Vide y ajuste a 150 F. Sazone el pollo con sal.

Coloque todos los ingredientes enumerados y el pollo en una bolsa grande con cierre al vacío. Libere el aire utilizando el método de desplazamiento de agua y selle la bolsa de la aspiradora. Métalo en un baño de agua y programa el cronómetro en 7 horas.

Cubre el agua con una bolsa plástica para reducir la evaporación y riega cada 2 horas para el baño. Cuando el cronómetro se haya detenido, retira y abre la bolsa. Precalienta el asador, retira con cuidado el pollo y sécalo. Pon el pollo en la parrilla y fríelo hasta que la piel esté dorada. Deja reposar el pollo durante 8 minutos, corta en rodajas y sirve.

Muslos De Pollo Picantes Sencillos

Tiempo de preparación + cocción: 2 horas 55 minutos | Porciones: 6

Ingredientes:

1 libra de muslos de pollo, con hueso
3 cucharadas de mantequilla
1 cucharada de pimienta de cayena
Agrega sal al gusto

Direcciones:

Haga un baño de agua, ponga el Sous Vide y póngalo a 165 F. Sazone el pollo con pimienta y sal. Coloca el pollo con una cucharada de mantequilla en una bolsa sellable al vacío. Liberar el aire mediante el método de desplazamiento de agua, cerrar y sumergir la bolsa en un baño maría. Configure el temporizador en 2 horas y 30 minutos.

Cuando el cronómetro se detenga, retira la bolsa y ábrela. Precalienta la parrilla y derrite la mantequilla restante en el microondas. Engrasa la parrilla con parte de la mantequilla y unta el pollo con la mantequilla restante. Freír hasta que el color sea marrón oscuro. Servir como refrigerio.

alitas de pollo Buffalo

Tiempo de preparación + cocción: 1 hora y 20 minutos | Porciones: 6

Ingredientes:

3 kilos de alitas de pollo
3 cucharaditas de sal
2 cucharaditas de ajo picado
2 cucharadas de pimentón ahumado
1 cucharadita de azúcar
½ taza de salsa picante
5 cucharadas de mantequilla
2½ tazas de harina de almendras
Aceite de oliva para freír

Direcciones:

Haga un baño de agua, coloque el Sous Vide en él y ajuste a 144F.

Combina las alitas, el ajo, la sal, el azúcar y el pimentón ahumado. Cubra el pollo de manera uniforme. Colóquelo en una bolsa grande que se pueda sellar al vacío, libere el aire usando el método de desplazamiento de agua y selle la bolsa.

Sumergir en agua. Configure el temporizador para hornear durante 1 hora. Cuando el cronómetro se haya detenido, retira y abre la bolsa.

Vierta la harina en un tazón grande, agregue el pollo y mezcle para cubrir.

Calienta el aceite en una sartén a fuego medio, fríe el pollo hasta que esté dorado. Retirar y reservar. En otra sartén derrita la mantequilla y agregue la salsa picante. Unte las alitas con mantequilla y salsa picante. Servir como aperitivo

Empanadas de pollo desmenuzado

Tiempo de preparación + cocción: 3 horas 15 minutos | Porciones: 5

Ingredientes:

½ libra de pechuga de pollo, sin piel y deshuesada
½ taza de nueces de macadamia, molidas
⅓ taza de mayonesa con aceite de oliva
3 cebollas verdes, picadas
2 cucharadas de jugo de limón
Sal y pimienta negra al gusto
3 cucharadas de aceite de oliva

Direcciones:

Haga un baño de agua, coloque el Sous Vide en él y póngalo a 165 F. Coloque el pollo en una bolsa sellable al vacío, libere el aire usando el método de desplazamiento de agua y séllelo. Coloque la bolsa en un baño de agua y programe el temporizador durante 3 horas. Cuando el cronómetro se haya detenido, retira y abre la bolsa.

Desmenuza el pollo y añádelo al bol con el resto de ingredientes excepto el aceite de oliva. Mezclar hasta que quede suave y hacer hamburguesas. Calienta el aceite de oliva en una sartén a fuego medio. Agrega los filetes y fríe hasta que estén dorados por ambos lados.

Muslos de pollo con puré de zanahoria

Tiempo de preparación + cocción: 60 minutos | Porciones: 5

Ingredientes:

2 kilos de muslos de pollo
1 taza de zanahorias, en rodajas finas
2 cucharadas de aceite de oliva
¼ de taza de cebolla finamente picada
2 tazas de caldo de pollo
2 cucharadas de perejil fresco picado
2 dientes de ajo machacados
Sal y pimienta negra al gusto

Direcciones:

Haga un baño de agua, coloque el Sous Vide y póngalo a 167 F. Lave los muslos de pollo con agua corriente fría y séquelos con toallas de papel. Dejar de lado.

Combine 1 cucharada de aceite de oliva, perejil, sal y pimienta en un bol. Mezclar bien y untar generosamente los muslos con la mezcla. Colóquelo en una bolsa grande con cierre al vacío y agregue el caldo de pollo. Presione la bolsa para quitar el aire. Cierra la bolsa y colócala en un baño de agua y programa el cronómetro en 45 minutos. Cuando el cronómetro se haya detenido, saca los muslos de la bolsa y sécalos. Reserva el líquido de cocción.

Mientras tanto, prepara las zanahorias. Transfiera a una licuadora y procese hasta obtener un puré. Dejar de lado.

Calienta el resto del aceite de oliva en una sartén grande a fuego medio. Agrega el ajo y la cebolla y sofríe durante aproximadamente 1-2 minutos o hasta que estén tiernos. Agregue los muslos de pollo y cocine durante 2-3 minutos, volteándolos ocasionalmente. Pruebe si está cocido, ajuste los condimentos y luego agregue el caldo. Llevar a ebullición y retirar del fuego. Transfiera los muslos a una fuente para servir y cubra con el puré de zanahoria y espolvoree con perejil.

Pollo al limón con menta

Tiempo de preparación + cocción: 2 horas 40 minutos | Porciones: 3

Ingredientes:

1 kilo de muslos de pollo, deshuesados y sin piel
¼ taza de aceite
1 cucharada de jugo de limón recién exprimido
2 dientes de ajo machacados
1 cucharadita de jengibre
½ cucharadita de pimienta de cayena
1 cucharadita de menta fresca, picada
½ cucharadita de sal

Direcciones:

En un tazón pequeño, combine el aceite de oliva con el jugo de limón, el ajo, el jengibre molido, la menta, la pimienta de cayena y la sal. Cepille generosamente cada muslo con esta mezcla y refrigere durante al menos 30 minutos.

Saca los muslos de la nevera. Colóquelo en una bolsa selladora al vacío grande y cocine durante 2 horas a 149F. Retirar de la bolsa de vacío y servir inmediatamente con cebolletas.

Pollo con mermelada de cerezas

Tiempo de preparación + cocción: 4 horas 25 minutos | Porciones: 4

Ingredientes

2 kilos de pollo con hueso y piel
4 cucharadas de mermelada de cerezas
2 cucharadas de nuez moscada molida
Sal y pimienta negra al gusto

Instrucciones

Preparar un baño maría y colocar en él el Sous Vide. Ajuste a 172 F. Sazone el pollo con sal y pimienta y mezcle con los demás ingredientes. Colocar en una bolsa sellable al vacío. Liberar el aire mediante el método de desplazamiento de agua, cerrar y sumergir la bolsa en un baño maría. Cocine por 4 horas.

Cuando el cronómetro se detenga, retire la bolsa y transfiérala a la fuente para hornear. Precaliente el horno a 450 F. y hornee por 10 minutos hasta que esté crujiente. Transfiera a un plato y sirva.

Muslos de pollo dulces y picantes

Tiempo de preparación + cocción: 2 horas 20 minutos | Porciones: 3

Ingredientes:

½ cucharada de azúcar
½ taza de salsa de soja
2½ cucharaditas de jengibre picado
2½ cucharaditas de ajo picado
2½ cucharaditas de puré de chile rojo
¼ libra de muslos de pollo pequeños, sin piel
2 cucharadas de aceite de oliva
2 cucharadas de semillas de sésamo para decorar
1 cebolla picada para decorar
Sal y pimienta negra al gusto

Direcciones:

Haga un baño de agua, coloque el Sous Vide dentro y ajuste a 165 F. Sazone el pollo con sal y pimienta. Coloque el pollo en una bolsa sellable al vacío, libere el aire mediante el método de desplazamiento de agua y séllela.

Coloque la bolsa en el baño de agua y programe el cronómetro durante 2 horas. Cuando el cronómetro se haya detenido, retira y abre la bolsa. En un bol mezclar el resto de los ingredientes enumerados, excepto el aceite de oliva. Dejar de lado. Calienta el aceite en una sartén a fuego medio, agrega el pollo.

Cuando estén ligeramente dorados por ambos lados, agrega la salsa y tapa el pollo. Cocine por 10 minutos. Adorne con sésamo y cebolla. Servir con arroz de coliflor.

pechugas de pollo rellenas

Tiempo de preparación + cocción: 1 hora 15 minutos | Porciones: 5

Ingredientes:

2 kilos de pechuga de pollo, sin piel y deshuesada
2 cucharadas de perejil fresco picado
2 cucharadas de albahaca fresca, picada
1 huevo grande
½ taza de cebolletas picadas
Sal y pimienta negra al gusto
2 cucharadas de aceite de oliva

Direcciones:

Haga un baño de agua, coloque el Sous Vide y póngalo a 165 F. Lave bien las pechugas de pollo y séquelas con toallas de papel. Sazona con un poco de sal y pimienta y reserva.

Mezcle el huevo, el perejil, la albahaca y la cebolleta en un bol. Revuelva hasta que esté bien combinado. Coloque las pechugas de pollo en un plato limpio y vierta la mezcla de huevo en el medio. Dobla los senos con fuerza. Coloque las pechugas en bolsas de vacío separadas y presione para eliminar el aire. Cierre la tapa y colóquelo en el baño de agua preparado. Cocine al vacío durante 1 hora. Cuando el cronómetro se haya detenido, retira las pechugas de pollo. Calienta el aceite en una sartén a fuego medio. Agregue las pechugas de pollo y dore durante 2 minutos por lado.

pollo fresco

Tiempo de preparación + cocción: 2 horas 40 minutos | Porciones: 8

Ingredientes:

1 pollo de cinco kilos, entero
3 cucharadas de jugo de limón
½ taza de aceite de oliva
6 hojas de laurel, secas
2 cucharadas de romero triturado
3 cucharadas de tomillo, seco
2 cucharadas de aceite de coco
¼ taza de ralladura de limón
3 dientes de ajo, picados
Sal y pimienta negra al gusto

Direcciones:

Haga un baño de agua, coloque el Sous Vide en él y póngalo a 149 F. Enjuague bien el pollo con agua corriente fría y séquelo con una toalla de papel. Dejar de lado.

En un tazón pequeño, combine el aceite de oliva con sal, jugo de limón, hojas de laurel secas, romero y tomillo. Rellena la cavidad del pollo con rodajas de limón y esta mezcla.

En otro tazón, combine el aceite de coco con la ralladura de limón y el ajo. Retire la piel del pollo de la carne. Frote esta mezcla debajo de la piel y póngala en una bolsa de plástico grande. Enfriar durante 30 minutos. Retirar del refrigerador y colocar en una bolsa grande sellable al vacío. Coloque la bolsa en el baño de agua y programe el cronómetro durante 2 horas.

Muslos de pollo mediterráneo

Tiempo de preparación + cocción: 1 hora 40 minutos | Porciones: 3

Ingredientes:

1 kilo de muslos de pollo

1 taza de aceite de oliva

½ taza de jugo de lima recién exprimido

½ taza de hojas de perejil, picadas

3 dientes de ajo machacados

1 cucharada de pimienta de cayena

1 cucharadita de orégano seco

1 cucharadita de sal marina

Direcciones:

Enjuague la carne con agua fría y escúrrala en un colador grande. En un bol, mezcla el aceite de oliva con el jugo de lima, el perejil picado, el ajo machacado, la pimienta de cayena, el orégano y la sal. Sumerge los filetes en esta mezcla y tapa. Enfriar durante 30 minutos.

Sacar la carne de la nevera y escurrir. Colóquelo en un recipiente grande con cierre al vacío y cocine en Sous Vide durante una hora a 167F.

Pechuga de pollo con salsa Harissa

Tiempo de preparación + cocción: 65 minutos | Porciones: 4

Ingredientes

1 kilo de pechuga de pollo en cubitos
1 tallo de limoncillo fresco, picado
2 cucharadas de salsa de pescado
2 cucharadas de azúcar de coco
Agrega sal al gusto
1 cucharada de salsa harissa

Instrucciones

Preparar un baño maría y colocar en él el Sous Vide. Ajuste a 149 F. En una licuadora, combine la hierba de limón, la salsa de pescado, el azúcar y la sal. Marinar el pollo con la salsa y hacer brochetas. Colóquelo en una bolsa sellable al vacío. Liberar el aire mediante el método de desplazamiento de agua, cerrar y sumergir la bolsa en un baño maría. Cocine por 45 minutos.

Cuando el cronómetro se haya detenido, retire la bolsa y transfiérala a un baño de agua fría. Retire el pollo y mezcle con la salsa harissa. Calienta una sartén a fuego medio y fríe el pollo. Atender.

Pollo al ajillo con champiñones

Tiempo de preparación + cocción: 2 horas 15 minutos | Porciones: 6

Ingredientes:

2 kilos de muslos de pollo, sin piel
1 kilo de champiñones cremini, rebanados
1 taza de caldo de pollo
1 diente de ajo, machacado
4 cucharadas de aceite de oliva
½ cucharadita de cebolla en polvo
½ cucharadita de hojas de salvia, secas
¼ cucharadita de pimienta de cayena
Sal y pimienta negra al gusto

Direcciones:

Lave bien los muslos con agua fría. Secar con una toalla de papel y reservar. Calienta el aceite de oliva en una sartén grande a fuego medio. Dorar los muslos de pollo por ambos lados durante 2 minutos. Remueve de la sartén y pon a un lado.

Ahora añade el ajo y sofríe hasta que se dore. Agrega los champiñones, vierte el caldo y cocina hasta que hierva. Remueve de la sartén y pon a un lado. Sazone los muslos con sal, pimienta, pimienta de cayena y cebolla en polvo. Colocar en una bolsa grande sellable al vacío con los champiñones y la salvia. Selle la bolsa y cocine en Sous Vide durante 2 horas a 149F.

Muslos de pollo con hierbas

Tiempo de preparación + cocción: 4 horas 10 minutos | Porciones: 4

Ingredientes:

1 kilo de muslos de pollo
1 taza de aceite de oliva virgen extra
¼ de taza de vinagre de manzana
3 dientes de ajo machacados
½ taza de jugo de limón recién exprimido
1 cucharada de albahaca fresca, picada
2 cucharadas de tomillo fresco, picado
1 cucharada de romero fresco, picado
1 cucharadita de pimienta de cayena
1 cucharadita de sal

Direcciones:

Enjuague la carne con agua fría y colóquela en un colador grande para que escurra. Dejar de lado.

En un tazón grande, mezcle el aceite de oliva con vinagre de manzana, ajo, jugo de limón, albahaca, tomillo, romero, sal y pimienta de cayena. Sumergir los muslos en esta mezcla y meter en el frigorífico durante una hora. Retire la carne de la marinada y escúrrala. Colóquelo en una bolsa selladora al vacío grande y cocine en Sous Vide durante 3 horas a 149F.

Budín de pollo con corazones de alcachofa

Tiempo de preparación + cocción: 1 hora y 30 minutos | Porciones: 3

Ingredientes:

1 kilo de pechuga de pollo, deshuesada y sin piel
2 alcachofas medianas
2 cucharadas de mantequilla
2 cucharadas de aceite de oliva virgen extra
1 limón, exprimido
Un puñado de hojas de perejil fresco finamente picadas
Sal y pimienta negra al gusto
½ cucharadita de ají

Direcciones:

Enjuague bien la carne y séquela con toallas de papel. Corta la carne en trozos más pequeños con un cuchillo de cocina afilado y retira los huesos. Unte con aceite de oliva y reserve.

Calienta la sartén a fuego medio. Reduzca un poco el fuego a medio y agregue la carne. Freír durante 3 minutos hasta que estén dorados por ambos lados. Retirar del fuego y transferir a una bolsa grande sellable al vacío. Selle la bolsa y cocine en Sous Vide durante una hora a 149F.

Mientras tanto, prepara la alcachofa. Corta el limón por la mitad y exprime el jugo en un bol pequeño. Divida el jugo por la mitad y reserve. Corta las hojas más externas con un cuchillo de cocina afilado hasta llegar a las amarillas y suaves. Corta la piel exterior verde alrededor de la base de alcachofa y cocina al vapor. Asegúrate de quitar los "pelos" alrededor del corazón de la alcachofa. No son comestibles, así que tíralos.

Corta la alcachofa en trozos de media pulgada. Frote la mitad con jugo de limón y póngala en una olla de fondo grueso. Agregue suficiente agua para cubrir y cocine hasta que esté completamente tierno. Retirar del fuego y escurrir. Dejar enfriar un rato a temperatura ambiente. Corta cada pieza en tiras finas.

Combina la alcachofa con el pollo en un tazón grande. Agrega sal, pimienta y el resto del jugo de limón. Derrita la mantequilla a fuego medio y rocíe sobre el pudín. Espolvorea con ají y sirve.

Ensalada de pollo y calabaza con mantequilla de almendras

Tiempo de preparación + cocción: 1 hora 15 minutos | Porciones: 2

Ingredientes

6 solomillos de pollo

4 tazas de calabaza, cortada en cubitos y asada

4 tazas de tomates con rúcula

4 cucharadas de almendras fileteadas

Jugo de 1 limón

2 cucharadas de aceite de oliva

4 cucharadas de cebolla morada picada

1 cucharada de pimentón

1 cucharada de cúrcuma

1 cucharada de comino

Agrega sal al gusto

Instrucciones

Preparar un baño maría y colocar en él el Sous Vide. Establezca en 138F.

Pon el pollo y todas las especias en una bolsa sellable al vacío. Agitar bien. Liberar el aire mediante el método de desplazamiento de agua, cerrar y sumergir la bolsa en un baño maría. Cocine por 60 minutos.

Cuando el cronómetro se haya detenido, retire la bolsa y transfiérala a la sartén caliente. Freír durante 1 minuto por cada lado. Combina el resto de los ingredientes en un bol. Sirva con pollo encima.

Ensalada de pollo y nueces

Tiempo de preparación + cocción: 2 horas 20 minutos | Porciones: 4

Ingredientes

2 pechugas de pollo sin piel y deshuesadas
Sal y pimienta negra al gusto
1 cucharada de aceite de maíz
1 manzana, pelada y cortada en cubitos
1 cucharadita de jugo de lima
½ taza de uvas blancas, partidas por la mitad
1 rama de apio, cortado en cubitos
1/3 taza de mayonesa
2 cucharaditas de vino Chardonnay
1 cucharadita de mostaza Dijon
1 cabeza de lechuga romana
½ dl de nueces tostadas y picadas

Instrucciones

Preparar un baño maría y colocar en él el Sous Vide. Establezca en 146F.

Pon el pollo en una bolsa de vacío y sazona con sal y pimienta. Liberar el aire mediante el método de desplazamiento de agua, cerrar y sumergir la bolsa en un baño maría. Cocine por 2 horas.

Cuando el cronómetro se detenga, retira la bolsa y desecha los jugos de la cocción. En un bol grande, mezcla las rodajas de manzana con el jugo de lima. Agrega el apio y las uvas blancas. Mezclar bien.

En otro bol, mezcle la mayonesa, la mostaza de Dijon y el vino Chardonnay. Vierte la mezcla sobre la fruta y mezcla bien. Pica el pollo y colócalo en un bol mediano, sazona con sal y mezcla bien. Coloca el pollo en una ensaladera. Coloque la lechuga romana en ensaladeras y cubra con la ensalada. Adorne con nueces.

Chuletas de ternera a la pimienta con setas de pino

Tiempo de preparación + cocción: 3 horas 15 minutos | Porciones: 5

Ingredientes:

1 kilo de chuletas de ternera
1 kilo de champiñones de pino, en rodajas
½ taza de jugo de limón recién exprimido
1 cucharada de hojas de laurel, trituradas
5 pimienta
3 cucharadas de aceite vegetal
2 cucharadas de aceite de oliva virgen extra
Sal y pimienta negra al gusto

Direcciones:

Prepare un baño de agua, coloque el Sous Vide en él y ajuste a 154F.

Sazona las chuletas con sal y pimienta. Colocar en una bolsa con cierre al vacío en una sola capa con el jugo de limón, las hojas de laurel, los granos de pimienta y el aceite de oliva. Cierra la bolsa.

Sumergir la bolsa al baño maría y hervir durante 3 horas. Retirar del baño maría y reservar. Calienta el aceite vegetal en una sartén grande.

Añade los champiñones de pino y sofríe con una pizca de sal a fuego medio hasta que se haya evaporado todo el líquido. Agrega las chuletas de ternera con la marinada y continúa cocinando por 3 minutos más. Servir inmediatamente.

Chuletas de ternera

Tiempo de preparación + cocción: 2 horas 40 minutos | Porciones: 4

Ingredientes:

2 filetes de ternera (16 oz)
Sal y pimienta negra al gusto
2 cucharadas de aceite de oliva

Direcciones:

Prepare un baño de agua, coloque Sous Vide y ajuste a 140 F. Frote la ternera con pimienta y sal y colóquela en una bolsa con cierre al vacío. Libere el aire utilizando el método de desplazamiento de agua y selle la bolsa. Sumergir en un baño de agua. Configure el temporizador en 2 horas y 30 minutos. Cocinar.

Cuando el cronómetro se haya detenido, retira y abre la bolsa. Retire la ternera, séquela con toallas de papel y frótela con aceite de oliva. Precalienta el hierro fundido a fuego alto durante 5 minutos. Introducir el filete y freír hasta que esté bien dorado por ambos lados. Colóquelo en una tabla para servir. Servir con una ensalada.

Ternera picante al vino de Oporto

Tiempo de preparación + cocción: 2 horas 5 minutos | Porciones: 6

Ingredientes

3 cucharadas de mantequilla

¾ taza de caldo de verduras

½ taza de vino de Oporto

¼ de taza de hongos shiitake rebanados

3 cucharadas de aceite de oliva

4 dientes de ajo, picados

1 puerro, solo la parte blanca, picado

Sal y pimienta negra al gusto

8 filetes de ternera

1 ramita de romero fresco

Instrucciones

Preparar un baño maría y colocar en él el Sous Vide. Ajuste a 141 F. Agregue el caldo, el oporto, los champiñones, la mantequilla, el aceite de oliva, el ajo, el puerro, la sal y la pimienta. Coloque la ternera en una bolsa grande con cierre al vacío. Agrega el romero y la mezcla. Liberar el aire mediante el método de desplazamiento de agua, cerrar y sumergir la bolsa en un baño maría. Cocine por 1 hora y 45 minutos.

Cuando esté listo, retire la ternera y séquela. Deseche el romero y transfiera los jugos de cocción a la olla. Hervir durante 5 minutos. Agrega la ternera y cocina por 1 minuto. Cubra con salsa para servir.

ternera portobello

Tiempo de preparación + cocción: 2 horas 10 minutos | Porciones: 4

Ingredientes:

2 kilos de filete de ternera
1 taza de caldo de res
4 champiñones portobello, rebanados
1 cucharadita de ajo en polvo
1 cucharada de orégano, seco
3 cucharadas de vinagre balsámico
2 cucharadas de aceite de oliva
Sal y pimienta negra al gusto

Direcciones:

Prepare un baño de agua, coloque el Sous Vide en él y ajuste la temperatura a 140F.

En un bol, mezcle el caldo de res con los champiñones, el ajo en polvo, el orégano, el vinagre balsámico, el aceite de oliva y la sal. Frote bien cada chuleta con esta mezcla y colóquela en una bolsa grande sellable al vacío de una sola capa. Agrega las marinadas restantes y cierra. Sumergir al baño maría y hervir durante 2 horas.

Cuando el cronómetro se haya detenido, saca las hamburguesas de la bolsa y sécalas. Cocine a fuego lento los jugos de la sopa en la olla durante unos 4 minutos. Agregue a las chuletas y cocine por 1 minuto. Transfiera a platos. Vierta la salsa sobre la ternera y sirva.

salsa de ternera

Tiempo de preparación + cocción: 1 hora 40 minutos | Porciones: 3

Ingredientes:

½ libra de filete de ternera
Sal y pimienta negra al gusto
1 taza de champiñones, en rodajas finas
⅓ taza de crema espesa
2 chalotes en rodajas finas
1 cucharada de mantequilla sin sal
1 ramita de hojas de tomillo
1 cucharada de cebollino picado para decorar

Direcciones:

Preparar un baño maría y colocar en él el Sous Vide. Ajuste la temperatura a 129 F. Frote las chuletas con ajo y sal y coloque la ternera y todos los demás ingredientes enumerados excepto las cebolletas en una bolsa sellable al vacío.

Libere el aire utilizando el método de desplazamiento de agua y selle. Sumergir en un baño de agua. Configure el cronómetro en 1 hora 30 minutos y cocine.

Cuando esté listo, retiramos la bolsa y colocamos la ternera en un plato. Transfiera la salsa a la sartén, deseche el tomillo y déjelo hervir a fuego lento durante 5 minutos. Agrega la ternera y cocina por 3 minutos. Adorne con cebollino. Atender.

hígado de ternera de Dijon

Tiempo de preparación + cocción: 85 minutos | Porciones: 5

Ingredientes:

2 kilos de hígado de ternera cortado en rodajas
2 cucharadas de mostaza Dijon
3 cucharadas de aceite de oliva
1 cucharada de cilantro, picado
1 cucharadita de romero fresco, picado
1 diente de ajo, machacado
½ cucharadita de tomillo

Direcciones:

Haga un baño de agua, coloque el Sous Vide en él y póngalo a 129 F. Enjuague bien el hígado con agua corriente fría. Asegúrese de enjuagar cualquier rastro de sangre. Secar con toallas de papel. Retire las posibles venas con un bisturí afilado. Cortar transversalmente en rodajas finas.

Combine el aceite de oliva, el ajo, el cilantro, el tomillo y el romero en un tazón pequeño. Revuelva hasta que esté bien combinado. Unte generosamente las rodajas de hígado con esta mezcla y refrigere durante 30 minutos.

Retirar del refrigerador y colocar en una bolsa grande sellable al vacío. Sumerja la bolsa sellada en un baño de agua y programe el cronómetro en 40 minutos. Cuando hayas terminado, abre la bolsa. Engrasar una sartén grande con aceite y poner en ella las rodajas de hígado de carne. Dorar brevemente por ambos lados durante 2 minutos. Servir con pepinillos.

Chuletas de cordero al estilo africano con albaricoques

Tiempo de preparación + cocción: 2 horas 15 minutos | Porciones: 2

Ingredientes

2 filetes de lomo de cordero
Sal y pimienta negra al gusto
1 cucharadita de mezcla de especias
4 albaricoques
1 cucharada de miel
1 cucharadita de aceite de oliva

Instrucciones

Preparar un baño maría y colocar en él el Sous Vide. Establezca en 134F.

Sazone el cordero con sal y pimienta. Unte las chuletas de cordero con la mezcla de especias y póngalas en una bolsa con cierre al vacío. Agrega la miel y los albaricoques. Liberar el aire mediante el método de desplazamiento de agua, cerrar y sumergir la bolsa en un baño maría. Cocine por 2 horas.

Cuando el cronómetro se haya detenido, retira las chuletas y sécalas. Reserva los albaricoques y el líquido de cocción. Calienta una sartén a fuego medio y dora el cordero durante 30 segundos por lado.

Transfiera a un plato y deje enfriar durante 5 minutos. Escurrir con el líquido de cocción. Adorne con albaricoques.

Chuletas de cordero a la menta con nueces

Tiempo de preparación + cocción: 2 horas 35 minutos | Porciones: 4

Ingredientes

1 kilo de chuletas de cordero
Sal y pimienta negra al gusto
1 taza de hojas de menta fresca
½ taza de anacardos
½ taza de perejil fresco envasado
½ taza de ajo, rebanado
3 cucharadas de jugo de limón
2 dientes de ajo, picados
6 cucharadas de aceite de oliva

Instrucciones

Preparar un baño maría y colocar en él el Sous Vide. Ajuste a 125 F. Sazone el cordero con sal y pimienta y colóquelo en una bolsa con cierre al vacío. Liberar el aire mediante el método de desplazamiento de agua, cerrar y sumergir la bolsa en un baño maría. Cocine por 2 horas.

En un procesador de alimentos, combine la menta, el perejil, los anacardos, el ajo, las chalotas y el jugo de limón. Vierta sobre 4 cucharadas de aceite de oliva. Condimentar con sal y pimienta. Cuando el cronómetro se haya detenido, retire el cordero, unte con 2 cucharadas de aceite de oliva y transfiéralo a una parrilla caliente. Freír durante 1 minuto por lado. Servir con nueces.

Carré de cordero marinado en mostaza y miel

Tiempo de preparación + cocción: 1 hora 10 minutos | Porciones: 4

Ingredientes

1 costillar de cordero, recortado
3 cucharadas de miel
2 cucharadas de mostaza Dijon
1 cucharadita de vinagre de jerez
Agrega sal al gusto
2 cucharadas de aceite de aguacate
Cebolla morada picada

Instrucciones

Preparar un baño maría y colocar en él el Sous Vide. Ajuste a 135 F. Mezcle bien todos los ingredientes excepto el cordero. Unte el cordero con la mezcla y póngalo en una bolsa con cierre al vacío. Liberar el aire mediante el método de desplazamiento de agua, cerrar y sumergir la bolsa en un baño maría. Cocine por 1 hora.

Cuando el cronómetro se haya detenido, retira el cordero y transfiérelo a un plato. Reserva los jugos de la sopa. Calienta el aceite en una sartén a fuego medio y fríe el cordero durante 2 minutos por lado. Picarlo y espolvorearlo con el jugo de la cocción. Adorne con cebolla morada.

Albóndigas de cordero con salsa de yogur

Tiempo de preparación + cocción: 2 horas 15 minutos | Porciones: 2

Ingredientes

½ kilo de cordero molido

¼ taza de perejil fresco picado

¼ de taza de cebolla picada

¼ de taza de almendras tostadas, picadas

2 dientes de ajo, picados

Agrega sal al gusto

2 cucharaditas de cilantro molido

¼ cucharadita de canela molida

1 taza de yogur

½ taza de pepino cortado en cubitos

3 cucharadas de menta fresca picada

1 cucharadita de jugo de limón

¼ cucharadita de pimienta de cayena

pan de pita

Instrucciones

Preparar un baño maría y poner en él el Sous Vide. Ajuste a 134 F. Combine el cordero, la cebolla, las almendras, la sal, el ajo, la canela y el cilantro. Forma 20 bolitas y colócalas en una bolsa sellable al vacío. Liberar el aire mediante el método de desplazamiento de agua, cerrar y sumergir la bolsa en un baño maría. Cocine por 120 minutos.

Mientras tanto, prepara el aderezo mezclando yogur, menta, pepino, cayena, jugo de limón y 1 cucharada de sal. Cuando el cronómetro se haya detenido, retira las bolas y hornea durante 3-5 minutos. Vierta sobre la salsa y sirva con pan pita.

Arroz picante de paletilla de cordero

Tiempo de preparación + cocción: 24 horas 10 minutos | Porciones: 2

Ingredientes

1 paleta de cordero asada, deshuesada
1 cucharada de aceite de oliva
1 cucharada de curry en polvo
2 cucharaditas de sal de ajo
1 cucharadita de cilantro
1 cucharadita de comino molido
1 cucharadita de hojuelas de chile rojo seco
1 taza de arroz integral, cocido

Instrucciones

Preparar un baño maría y colocar en él el Sous Vide. Establezca en 158F.

Combine aceite de oliva, ajo, sal, comino, cilantro y hojuelas de chile. Marinar el cordero. Colocar en una bolsa sellable al vacío. Liberar el aire mediante el método de desplazamiento de agua, cerrar y sumergir la bolsa en un baño maría. Cocine por 24 horas.

Cuando esté listo, retira el cordero y córtalo en rodajas. Sirva con jugos de sopa sobre arroz.

Filetes de cordero al chile con cobertura de semillas de sésamo

Tiempo de preparación + cocción: 3 horas 10 minutos | Porciones: 2

Ingredientes

2 filetes de cordero
2 cucharadas de aceite de oliva
Sal y pimienta negra al gusto
2 cucharadas de aceite de aguacate
1 cucharadita de semillas de sésamo
Una pizca de pimiento rojo

Instrucciones

Preparar un baño maría y colocar en él el Sous Vide. Ajuste a 138 F. Coloque el cordero con el aceite de oliva en una bolsa con cierre al vacío. Liberar el aire mediante el método de desplazamiento de agua, cerrar y sumergir la bolsa en un baño maría. Cocine por 3 horas.

Cuando esté listo, seque el cordero. Condimentar con sal y pimienta. Calienta el aceite de aguacate en una sartén a fuego alto y fríe el cordero. Cortado en tiras. Adorne con semillas de sésamo y hojuelas de pimienta.

Cordero dulce con salsa de mostaza

Tiempo de preparación + cocción: 1 hora 10 minutos | Porciones: 4

Iingredientes

1 cordero, recortado

3 cucharadas de miel líquida

2 cucharadas de mostaza Dijon

1 cucharadita de vinagre de jerez

Agrega sal al gusto

2 cucharadas de aceite de aguacate

1 cucharada de tomillo

Semillas de mostaza tostadas para decorar.

Cebolla verde picada

Instrucciones

Preparar un baño maría y colocar en él el Sous Vide. Ajuste a 135 F. Combine todos los ingredientes excepto el cordero. Coloca el cordero en una bolsa con cierre al vacío. Liberar el aire mediante el método de desplazamiento de agua, cerrar y sumergir la bolsa en un baño maría. Cocine por 1 hora. Cuando el cronómetro se haya detenido, retira el cordero y transfiérelo a un plato.

Calentar el aceite en una sartén a fuego alto y sofreír el cordero durante 2 minutos por cada lado. Picar y cubrir con los jugos de cocción. Adorne con cebollas verdes y semillas de mostaza tostadas.

Cordero al limón y menta

Tiempo de preparación + cocción: 2 horas 15 minutos | Porciones: 2

Ingredientes

1 costillar de cordero
Sal y pimienta negra al gusto
2 ramitas de romero fresco
¼ taza de aceite de oliva
2 tazas de habas frescas, sin cáscara, blanqueadas y peladas
1 cucharada de jugo de limón
1 cucharada de cebollino fresco, picado
1 cucharada de perejil fresco, picado
1 cucharada de menta fresca
1 diente de ajo, picado

Instrucciones

Preparar un baño maría y colocar en él el Sous Vide. Ajuste a 125 F. Sazone el cordero con sal y pimienta y colóquelo en una bolsa con cierre al vacío. Liberar el aire mediante el método de desplazamiento de agua, cerrar y sumergir la bolsa en un baño maría. Cocine por 2 horas.

Cuando el cronómetro se haya detenido, retire el cordero y séquelo. Calienta 1 cucharada de aceite de oliva en la parrilla a fuego alto y cocina el cordero sazonado durante 3 minutos. Reservar y dejar enfriar.

Para la ensalada, mezcla las habas, el jugo de limón, el perejil, el cebollino, la menta, el ajo y 3 cucharadas de aceite de oliva. Condimentar con sal y pimienta. Corta el cordero en trozos y sírvelo con ensalada de habas.

Chuletas de cordero al limón con salsa chimichurri

Tiempo de preparación + cocción: 2 horas 15 minutos | Porciones: 4

Ingredientes

4 chuletas de cordero

2 cucharadas de aceite de aguacate

Sal y pimienta negra al gusto

1 taza de perejil fresco bien compactado, picado

2 cucharadas de orégano fresco

1 diente de ajo, finamente picado

1 cucharada de vinagre de champán

1 cucharada de jugo de limón

1 cucharada de pimentón ahumado

¼ cucharadita de hojuelas de pimiento rojo triturado

1/3 taza de mantequilla sin sal, blanda

Instrucciones

Preparar un baño maría y poner en él el Sous Vide. Ajuste a 132 F. Sazone el cordero con sal y pimienta y colóquelo en una bolsa con cierre al vacío. Liberar el aire mediante el método de desplazamiento de agua, cerrar y sumergir la bolsa en un baño maría. Cocine por 2 horas.

Mezclar bien en un bol el perejil, el ajo, el orégano, el vinagre de champagne, el pimentón, el jugo de limón, las hojuelas de pimentón, la pimienta negra, la sal y la mantequilla blanda. Dejar enfriar en la nevera.

Cuando el cronómetro se haya detenido, retire el cordero y séquelo. Condimentar con sal y pimienta. Calentar el aceite de aguacate en una sartén a fuego alto y sofreír el cordero unos minutos por todos lados. Cubra con salsa de mantequilla y sirva.

Pierna de cordero con verduras y salsa dulce

Tiempo de preparación + cocción: 48 horas 45 minutos | Porciones: 4

Ingredientes

4 jarretes de cordero

2 cucharadas de aceite

2 tazas de harina para todo uso

1 cebolla morada, en rodajas

4 dientes de ajo, machacados y pelados

4 zanahorias medianas cortadas en cubitos

4 tallos de apio medianos cortados en cubitos

3 cucharadas de puré de tomate

½ taza de vinagre de jerez

1 taza de vino tinto

¾ taza de miel

1 taza de caldo de res

4 ramitas de romero fresco

2 hojas de laurel

Sal y pimienta negra al gusto

Instrucciones

Preparar un baño maría y colocar en él el Sous Vide. Establezca en 155F.

Calienta el aceite en una sartén a fuego alto. Sazone los filetes con sal, pimienta y harina. Freír hasta que estén doradas. Dejar de lado. Reducir el fuego y cocinar la cebolla, la zanahoria, el ajo y el apio durante 10 minutos. Condimentar con sal y pimienta. Agregue el puré de tomate y cocine por 1 minuto más. Agrega vinagre, caldo, vino, miel, hojas de laurel. Cocine por 2 minutos.

Coloca las verduras, la salsa y el cordero en una bolsa con cierre al vacío. Liberar el aire mediante el método de desplazamiento de agua, cerrar y sumergir la bolsa en un baño maría. Cocine por 48 horas.

Cuando el cronómetro se haya detenido, retira los tallos y sécalo. Reserva los jugos de la sopa. Freír los tallos durante 5 minutos hasta que estén dorados. Calienta la olla a fuego alto y vierte en ella el jugo de la cocción. Cocine hasta que se reduzca, 10 minutos. Levante los tallos sobre un plato y rocíe con la salsa para servir.

Estofado de panceta y cordero

Tiempo de preparación + cocción: 24 horas 25 minutos | Porciones: 6

Ingredientes

2 kilos de paleta de cordero deshuesada y cortada en cubitos

4 onzas de panceta, cortada en tiras

1 taza de vino tinto

2 cucharadas de puré de tomate

1 taza de caldo de res

4 chalotes grandes, en cuartos

4 zanahorias, picadas

4 tallos de apio, picados

3 dientes de ajo machacados

1 kilo de patatas alevines, cortadas a lo largo

4 onzas de champiñones Portobello secos

3 ramitas de romero fresco

3 ramitas de tomillo fresco

Sal y pimienta negra al gusto

Instrucciones

Preparar un baño maría y colocar en él el Sous Vide. Establezca en 146F.

Calienta una sartén a fuego alto y cocina la panceta hasta que se dore. Dejar de lado. Sazone el cordero con sal y pimienta y fríalo en la misma sartén; poner a un lado. Vierta el vino y el caldo y cocine por 5 minutos.

Coloque la mezcla de vino, el cordero, la panceta, los jugos para rociar, las verduras y las hierbas en una bolsa con cierre al vacío. Liberar el aire mediante el método de desplazamiento de agua, cerrar y sumergir la bolsa en un baño maría. Cocine por 24 horas.

Cuando el cronómetro se detenga, retira la bolsa y transfiere los jugos de la cocción a una olla caliente a fuego medio y cocina por 15 minutos. Remueve el cordero para que se cocine unos minutos y sirve.

Chuletas de cordero al limón y pimienta con chutney de papaya

Tiempo de preparación + cocción: 1 hora 15 minutos | Porciones: 4

Ingredientes

8 chuletas de cordero
2 cucharadas de aceite de oliva
½ cucharadita de Garam Masala
¼ cucharadita de pimienta limón
Un toque de ajo-pimienta
Sal y pimienta negra al gusto
½ taza de yogur
¼ de taza de cilantro fresco picado
2 cucharadas de chutney de papaya
1 cucharada de curry en polvo
1 cucharada de cebolla, picada
Cilantro picado para decorar

Instrucciones

Preparar un baño maría y colocar en él el Sous Vide. Ajuste a 138 F. Unte las chuletas con aceite de oliva y espolvoree con Garam Masala, pimienta con limón, ajo en polvo, sal y pimienta. Colocar en una bolsa sellable al vacío. Liberar el aire mediante el método de desplazamiento de agua, cerrar y sumergir la bolsa en un baño maría. Cocine por 1 hora.

Mientras tanto, prepara la salsa mezclando yogur, chutney de papaya, cilantro, curry en polvo y cebolla. Transfiera a un plato. Cuando el cronómetro se haya detenido, retire el cordero y séquelo. Calienta el aceite restante en una sartén a fuego medio y fríe el cordero durante 30 segundos por lado. Colar sobre una bandeja para hornear. Sirve las chuletas con la salsa de yogur. Adorne con cilantro.

Brochetas de cordero picantes

Tiempo de preparación + cocción: 2 horas 20 minutos | Porciones: 4

Ingredientes

1 kilo de pierna de cordero, deshuesada y en cubos
2 cucharadas de pasta de chile
1 cucharada de aceite de oliva
Agrega sal al gusto
1 cucharadita de comino
1 cucharadita de cilantro
½ cucharadita de pimienta negra
yogur griego
Hojas de menta fresca para servir.

Instrucciones

Preparar un baño maría y colocar en él el Sous Vide. Ajuste a 134 F. Combine todos los ingredientes y colóquelos en una bolsa sellable al vacío. Liberar el aire mediante el método de desplazamiento de agua, cerrar y sumergir la bolsa en un baño maría. Cocine por 2 horas.

Cuando el cronómetro se haya detenido, retira el cordero y sécalo. Transfiera el cordero a la parrilla y cocine por 5 minutos. Reservar y dejar reposar durante 5 minutos. Sirva con yogur griego y menta.

Cordero a las hierbas con verduras

Tiempo de preparación + cocción: 48 horas 30 minutos | Porciones: 8)

Ingredientes

2 piernas de cordero, con hueso
1 lata de tomates cortados en cubitos con jugo
1 taza de caldo de ternera
1 taza de cebolla, finamente picada
½ taza de apio, finamente picado
½ taza de zanahoria, finamente picada
½ taza de vino tinto
2 ramitas de romero fresco
Sal y pimienta negra al gusto
1 cucharadita de coria molida
1 cucharadita de comino molido
1 cucharadita de tomillo

Instrucciones

Preparar un baño maría y colocar en él el Sous Vide. Establezca en 149F.

Combine todos los ingredientes y colóquelos en una bolsa sellable al vacío. Liberar el aire mediante el método de desplazamiento de agua, cerrar y sumergir la bolsa en un baño maría. Cocine por 48 horas.

Cuando se detenga el cronómetro, retire los tallos, transfiéralo a un plato y déjelo enfriar durante 48 horas. Limpiar el cordero quitándole los huesos y la grasa, luego cortarlo en tiras. Vierta en la olla los jugos de la sopa sin grasa y el cordero. Cocine durante 10 minutos a fuego alto hasta que la salsa espese. Atender.

Costillas de cordero al ajillo

Tiempo de preparación + cocción: 1 hora 30 minutos | Porciones: 4

Ingredientes

2 cucharadas de mantequilla
2 costillas de cordero, francés
1 cucharada de aceite de oliva
1 cucharada de aceite de sésamo
4 dientes de ajo, picados
4 ramitas de albahaca fresca, cortadas por la mitad
Sal y pimienta negra al gusto

Instrucciones

Preparar un baño maría y colocar en él el Sous Vide. Ajuste a 130 F. Sazone el cordero con sal y pimienta. Colóquelo en una bolsa grande que se pueda sellar al vacío. Liberar el aire mediante el método de desplazamiento de agua, cerrar y sumergir la bolsa en un baño maría. Cocine por 1 hora y 15 minutos.

Cuando el cronómetro se haya detenido, retira la rejilla y seca con un paño de cocina. Calienta el aceite de sésamo en una sartén a fuego alto y dora la plancha durante 1 minuto por lado. Dejar de lado.

Pon 1 cucharada de mantequilla en la sartén y agrega la mitad del ajo y la mitad de la albahaca. Parte superior del soporte. Hornea la rejilla durante 1 minuto. Voltear y verter más mantequilla. Repita el proceso para todas las rejillas. Cortar en trozos y servir 4 trozos en cada plato.

Costillar de cordero con incrustaciones de hierbas

Tiempo de preparación + cocción: 3 horas 30 minutos | Porciones: 6

Ingredientes:

Guarnición de cordero:

3 costillas grandes de ovejas

Sal y pimienta negra al gusto

1 ramita de romero

2 cucharadas de aceite de oliva

Corteza de hierba:

2 cucharadas de hojas frescas de romero

½ taza de nueces de macadamia

2 cucharadas de mostaza Dijon

½ taza de perejil fresco

2 cucharadas de hojas frescas de tomillo

2 cucharadas de cáscara de limón

2 dientes de ajo

2 claras de huevo

Direcciones:

Haga un baño de agua, coloque el Sous Vide en él y ajuste la temperatura a 140F.

Secar el cordero con toallas de papel y frotar la carne con sal y pimienta negra. Pon la sartén a fuego medio y agrega aceite de oliva. Una vez que el cordero esté caliente, dóralo por ambos lados durante 2 minutos; poner a un lado.

Poner el ajo y el romero, asar durante 2 minutos y colocar encima el cordero. Deja que el cordero absorba los sabores durante 5 minutos.

Coloca el cordero, el ajo y el romero en una bolsa sellable al vacío, libera el aire mediante el método de desplazamiento de agua y sella la bolsa. Sumerja la bolsa en un baño de agua.

Configure el temporizador para cocinar durante 3 horas. Cuando el cronómetro se haya detenido, retira la bolsa, ábrela y retira el cordero. Batir las claras y reservar.

Mezcle el resto de los ingredientes enumerados para la base de hierbas con una licuadora y reserve. Secar el cordero con toallas de papel y untar con clara de huevo. Sumérgelas en la mezcla de hierbas y cúbrelas bien.

Coloque el costillar de cordero en la bandeja para hornear, con la piel hacia arriba. Hornear en el horno durante 15 minutos. Corta con cuidado cada chuleta con un cuchillo afilado. Servir con verduras hervidas.

Brochetas populares de cordero y cerezas en Sudáfrica

Tiempo de preparación + cocción: 8 horas 40 minutos | Porciones: 6

Ingredientes

¾ taza de vinagre blanco

½ taza de vino tinto seco

2 cebollas picadas

4 dientes de ajo, picados

Ralladura de 2 limones

6 cucharadas de azúcar moreno

2 cucharadas de semillas de comino, trituradas

1 cucharada de mermelada de cerezas

1 cucharada de harina de maíz

1 cucharada de curry en polvo

1 cucharada de jengibre rallado

2 cucharaditas de sal

1 cucharadita de pimienta de Jamaica

1 cucharadita de canela molida

4½ kilos de paleta de cordero, en cubitos

1 cucharada de mantequilla

6 cebollas perla, peladas y cortadas por la mitad

12 cerezas secas, partidas por la mitad

2 cucharadas de aceite de oliva

Instrucciones

Preparar un baño maría y colocar en él el Sous Vide. Establezca en 141F.

Mezclar bien el vinagre, el vino tinto, la cebolla, el ajo, la ralladura de limón, el azúcar moreno, el comino, la mermelada de cerezas, la harina de maíz, el curry en polvo, el jengibre, la sal, la pimienta de Jamaica y la canela.

Coloque el cordero en una bolsa grande con cierre al vacío. Liberar el aire mediante el método de desplazamiento de agua, cerrar y sumergir la bolsa en un baño maría. Cocine por 8 horas. Calienta la mantequilla en una olla por 20 minutos y saltea las cebollas por 8 minutos hasta que se ablanden. Reservar y dejar enfriar.

Cuando el cronómetro se haya detenido, retira el cordero y sécalo con una toalla de papel. Reserva los jugos de la cocción y transfiere a una cacerola a fuego medio y cocina por 10 minutos hasta que se reduzca a la mitad. Rellena las brochetas con todos los ingredientes del kebab y enróllalas. Calienta el aceite de oliva en una parrilla a fuego alto y cocina las brochetas durante 45 segundos por lado.

Curry de pimentón y cordero

Tiempo de preparación + cocción: 30 horas 30 minutos | Porciones: 4

Ingredientes

2 cucharadas de mantequilla
2 pimientos, picados
3 dientes de ajo, picados
1 cucharadita de cúrcuma
1 cucharadita de comino molido
1 cucharadita de pimentón
1 cucharadita de jengibre fresco rallado
½ cucharadita de sal
2 piezas de cardamomo
2 ramitas de tomillo fresco
2¼ kilos de cordero deshuesado, en cubitos
1 cebolla grande, picada
3 tomates, picados
1 cucharadita de pimienta de Jamaica
2 cucharadas de yogur griego
1 cucharada de cilantro fresco picado

Instrucciones

Preparar un baño maría y colocar en él el Sous Vide. Ajuste a 179 F. Combine 1 cucharada de mantequilla, pimentón, 2 dientes de ajo, cúrcuma, comino, pimentón, jengibre, sal, cardamomo y tomillo. Poner el cordero con la mezcla de mantequilla en una bolsa con cierre al vacío. Liberar el aire mediante el método de desplazamiento de agua, cerrar y sumergir la bolsa en un baño maría. Cocine por 30 horas.

Cuando el cronómetro se detenga, retira la bolsa y déjala a un lado. Calienta la mantequilla en una cacerola a fuego alto. Agrega la cebolla y sofríe durante 4 minutos. Agrega el resto del ajo y cocina por 1 minuto más. Reducir el fuego y añadir los tomates y la pimienta de Jamaica. Cocine por 2 minutos. Vierta el yogur, el cordero y los jugos de la sopa. Cocine durante 10-15 minutos. Adorne con cilantro.

Costillas de cordero con queso de cabra

Tiempo de preparación + cocción: 4 horas 10 minutos | Porciones: 2

Ingredientes:

Costillas:

2 medias costillas de cordero

2 cucharadas de aceite vegetal

1 diente de ajo, picado

2 cucharadas de hojas de romero picadas

1 cucharada de polen de hinojo

Sal y pimienta negra al gusto

½ cucharadita de pimienta de cayena

Para decoración:

8 oz de queso de cabra, desmenuzado

2 onzas de nueces tostadas, picadas

3 cucharadas de perejil picado

Direcciones:

Haga un baño de agua, coloque el Sous Vide en él y póngalo a 134 F. Mezcle los ingredientes del cordero enumerados excepto el cordero. Secar el cordero con una toalla de papel y frotar con la mezcla de especias. Colocar la carne en una bolsa sellable al vacío, liberar el aire mediante el método de desplazamiento de agua, cerrar y sumergir la bolsa en un baño maría. Configure el temporizador en 4 horas.

Cuando el cronómetro se detenga, retira la oveja. Calienta la parrilla a fuego alto y agrega aceite. Freír el cordero hasta que esté dorado. Cortar las costillas entre los huesos. Adorne con queso de cabra, nueces y perejil. Servir con salsa picante.

hombro de cordero

Tiempo de preparación + cocción: 4 horas 10 minutos | Porciones: 3

Ingredientes:

1 kilo de paleta de cordero deshuesada

Sal y pimienta negra al gusto

2 cucharadas de aceite de oliva

1 diente de ajo, machacado

1 ramita de tomillo

1 ramita de salsa

Direcciones:

Preparar un baño maría y colocar en él el Sous Vide. Ajuste a 145 F. Seque las paletas de cordero con toallas de papel y frote con pimienta y sal.

Coloque el cordero y los demás ingredientes enumerados en una bolsa sellable al vacío. Liberar el aire mediante el método de desplazamiento de agua, cerrar y sumergir la bolsa en un baño maría. Configure el temporizador en 4 horas.

Cuando esté listo, retira la bolsa y transfiere las paletas de cordero a la fuente para horno. Cuela los jugos en una cacerola y cocina a fuego medio durante 2 minutos. Calienta la parrilla durante 10 minutos y asa la paleta hasta que esté dorada y crujiente. Sirva la paleta de cordero y la salsa con verduras untadas con mantequilla.

Cordero asado con jalapeños

Tiempo de preparación + cocción: 3 horas | Porciones: 6

Ingredientes:

1 ½ cucharada de aceite de colza
1 cucharada de semillas de mostaza negra
1 cucharadita de semillas de comino
Sal y pimienta negra al gusto
4 libras de pierna de cordero mariposa
½ taza de hojas de menta, picadas
½ taza de hojas de cilantro picadas
1 chalota, picada
1 diente de ajo, picado
2 jalapeños rojos, picados
1 cucharada de vinagre de vino tinto
1 ½ cucharada de aceite de oliva

Direcciones:

Coloca la sartén en la estufa a fuego lento. Agrega ½ cucharada de aceite de oliva; una vez caliente, agregue el comino y las semillas de mostaza y cocine por 1 minuto. Apague el fuego y transfiera las semillas a un bol. Espolvorea sal y pimienta negra encima. Remover. Extienda la mitad de la mezcla de especias dentro de las piernas de cordero y enróllela. Sujete con hilo de carnicero cada 1 pulgada.

Sazone con sal y pimienta y frote. Extienda la mitad de la mezcla de especias de manera uniforme sobre las piernas de cordero y luego vuelva a enrollarlas con cuidado. Hacer un baño maría y colocar en él el Sous Vide. Ajuste a 145 F. Coloque la pierna de cordero en una bolsa sellable al vacío, libere el aire usando el método de desplazamiento de agua, selle y sumerja en un baño de agua. Configure el cronómetro en 2 horas 45 minutos y cocine.

Prepara la salsa; agregue chalotes, cilantro, ajo, vinagre de vino tinto, menta y chile rojo a la mezcla de comino y mostaza. Mezclar y sazonar con sal y pimienta. Dejar de lado. Cuando el cronómetro se haya detenido, retira y abre la bolsa. Retire el cordero y séquelo con una toalla de papel.

Agregue aceite de colza al hierro fundido y precaliente a fuego alto durante 10 minutos. Introducir el cordero y sofreír hasta que se dore por ambos lados. Retire el hilo y corte el cordero. Servir con la salsa.

Chuletas de cordero a la parrilla con tomillo y salvia

Tiempo de preparación + cocción: 3 horas 20 minutos | Porciones: 6

Ingredientes

6 cucharadas de mantequilla
4 cucharadas de vino blanco seco
4 cucharadas de caldo de pollo
4 ramitas frescas de tomillo
2 dientes de ajo, picados
1½ cucharaditas de salvia fresca picada
1½ cucharadita de comino
6 chuletas de cordero
Sal y pimienta negra al gusto
2 cucharadas de aceite de oliva

Instrucciones

Preparar un baño maría y colocar en él el Sous Vide. Establezca en 134F.

Calienta una cacerola a fuego medio y combina la mantequilla, el vino blanco, el caldo, el tomillo, el ajo, el comino y la salvia. Hervir durante 5 minutos. Deja enfriar. Sazone el cordero con sal y pimienta. Colocar en tres bolsas sellables al vacío con la mezcla de mantequilla. Liberar el aire mediante el método de desplazamiento de agua, cerrar y sumergir las bolsas en un baño maría. Cocine por 3 horas.

Cuando esté listo, retira el cordero y sécalo con una toalla de papel. Lubricar las chuletas con aceite de oliva. Calienta una sartén a fuego alto y dora el cordero durante 45 segundos por lado. Dejar reposar durante 5 minutos.

Chuletas de cordero con chimichurri de albahaca

Tiempo de preparación + cocción: 3 horas 40 minutos | Porciones: 4

Ingredientes:

<u>Chuletas de cordero:</u>

3 costillas de cordero, francés
3 dientes de ajo machacados
Sal y pimienta negra al gusto

<u>Chimichurri de albahaca:</u>

1 ½ tazas de albahaca fresca, picada
2 chalotes de plátano, cortados en cubitos
3 dientes de ajo, picados
1 cucharadita de hojuelas de pimiento rojo
½ taza de aceite de oliva
3 cucharadas de vinagre de vino tinto
Sal y pimienta negra al gusto

Direcciones:

Preparar un baño maría y colocar en él el Sous Vide. Ajuste a 140 F. Seque las rejillas con toallas de papel y frote con pimienta y sal. Coloque la carne y el ajo en una bolsa sellable al vacío, libere el aire mediante el método de desplazamiento de agua y selle la bolsa. Sumerja la bolsa en un baño de agua. Configure el temporizador durante 2 horas y cocine.

Prepara el chimichurri de albahaca: mezcla todos los ingredientes enumerados en un bol. Cubrir con film transparente y dejar reposar en el frigorífico durante 1 hora 30 minutos. Cuando el cronómetro se detenga, retira la bolsa y ábrela. Retire el cordero y séquelo con una toalla de papel. Freír con un soplete hasta que estén dorados. Vierte el chimichurri de albahaca sobre el cordero. Sirva con verduras al vapor.

Brochetas sabrosas de cordero Harissa

Tiempo de preparación + cocción: 2 horas 30 minutos | Porciones: 10

Ingredientes

3 cucharadas de aceite de oliva
4 cucharaditas de vinagre de vino tinto
2 cucharadas de pasta de chile
2 dientes de ajo, picados
1½ cucharadita de comino molido
1½ cucharadita de cilantro molido
1 cucharadita de pimentón picante
Agrega sal al gusto
1½ kilos de paleta de cordero deshuesada y cortada en cubitos
1 pepino, pelado y picado
Ralladura y jugo de ½ limón
1 taza de yogur estilo griego

Instrucciones

Preparar un baño maría y colocar en él el Sous Vide. Ajuste a 134 F. Combine 2 cucharadas de aceite de oliva, vinagre, chiles, ajo, comino, cilantro, pimentón y sal. Coloca el cordero y la salsa en una bolsa con cierre al vacío. Liberar el aire mediante el método de desplazamiento de agua, cerrar y sumergir la bolsa en el baño. Cocine por 2 horas.

Cuando el cronómetro se haya detenido, retira el cordero y sécalo con una toalla de papel. Deseche los jugos de la cocción. Mezcle el pepino, la ralladura y el jugo de limón, el yogur y el ajo machacado en un tazón pequeño. Dejar de lado. Rellenar las brochetas con cordero y enrollarlas.

Calienta el aceite en una sartén a fuego alto y fríe las brochetas durante 1-2 minutos por cada lado. Cubra con salsa de limón y ajo y sirva.

Cerdo a la mostaza dulce con cebolla crujiente

Tiempo de preparación + cocción: 48 horas 40 minutos | Porciones: 6

Ingredientes

1 cucharada de salsa de tomate
4 cucharadas de mostaza con miel
2 cucharadas de salsa de soja
2¼ kilos de paleta de cerdo
1 cebolla dulce grande, cortada en aros finos
2 tazas de leche
1½ tazas de harina para todo uso
2 cucharaditas de cebolla en polvo granulada
1 cucharadita de pimentón
Sal y pimienta negra al gusto
4 tazas de aceite vegetal, para freír

Instrucciones

Preparar un baño maría y colocar en él el Sous Vide. Establezca en 159F.

Mezcle bien la mostaza, la salsa de soja y el ketchup hasta formar una pasta. Unte la carne de cerdo con la salsa y póngala en una bolsa sellable al vacío. Liberar el aire mediante el método de desplazamiento de agua, cerrar y sumergir la bolsa en un baño maría. Cocine por 48 horas.

Preparación de las cebollas: Separar los aros de cebolla en un bol. Vierta leche sobre ellos y déjelos enfriar durante 1 hora. Combina la harina, la cebolla en polvo y una pizca de sal y pimienta.

Calienta el aceite en una sartén a 375 F. Escurre las cebollas y revuélvelas en la mezcla de harina. Agite bien y transfiera a la sartén. Fríelos por 2 minutos o hasta que estén crujientes. Transfiera a una bandeja y seque con una toalla de papel. Repite el proceso con las cebollas restantes.

Cuando el cronómetro se detenga, retire la carne de cerdo, transfiérala a una tabla de cortar y tire de la carne hasta que esté desmenuzada. Reserva los jugos de la cocción y transfiere a una cacerola mientras esté caliente a fuego medio y cocina por 5 minutos hasta que se haya evaporado. Cubra la carne de cerdo con salsa y decore con cebolla crujiente para servir.

Deliciosas chuletas de cerdo con albahaca y limón

Tiempo de preparación + cocción: 1 hora 15 minutos | Porciones: 4

Ingredientes

4 cucharadas de mantequilla
4 chuletas de cerdo deshuesadas
Sal y pimienta negra al gusto
Ralladura y jugo de 1 limón
2 dientes de ajo machacados
2 hojas de laurel
1 ramita fresca de albahaca

Instrucciones

Preparar un baño maría y colocar en él el Sous Vide. Ajuste a 141 F. Sazone las chuletas con sal y pimienta.

Poner las chuletas con la ralladura y el jugo de limón, el ajo, las hojas de laurel, la albahaca y 2 cucharadas de mantequilla en una bolsa con cierre al vacío. Liberar el aire mediante el método de desplazamiento de agua, cerrar y sumergir la bolsa en un baño maría. Cocine por 1 hora.

Cuando el cronómetro se haya detenido, retira las chuletas y sécalas con toallas de papel. Reserva las hierbas. Calienta la mantequilla restante en una sartén a fuego medio y fríe durante 1-2 minutos por cada lado.

Costillitas con salsa china

Tiempo de preparación + cocción: 4 horas 25 minutos | Porciones: 4

Ingredientes

1/3 taza de salsa hoisin
1/3 taza de salsa de soja oscura
1/3 taza de azúcar
3 cucharadas de miel
3 cucharadas de vinagre blanco
1 cucharada de pasta de frijol fermentada
2 cucharaditas de aceite de sésamo
2 dientes de ajo machacados
Trozo de 1 pulgada de jengibre fresco rallado
1 ½ cucharadita de cinco especias en polvo
Agrega sal al gusto
½ cucharadita de pimienta negra recién molida
3 kilos de costillitas
Hojas de cilantro para servir.

Instrucciones

Preparar un baño maría y colocar en él el Sous Vide. Establezca en 168F.

Mezcle la salsa hoisin, la salsa de soja oscura, el azúcar, el vinagre blanco, la miel, la pasta de frijoles, el aceite de sésamo, las cinco especias en polvo, la sal, el jengibre, la pimienta blanca y la negra en un bol. Reserva 1/3 de la mezcla y déjala enfriar.

Unte las costillas con la mezcla y divídalas en 3 bolsas sellables al vacío. Liberar el aire mediante el método de desplazamiento de agua, cerrar y sumergir las bolsas en un baño maría. Cocine por 4 horas.

Precaliente el horno a 400 F. Cuando el cronómetro se detenga, retire las costillas y unte con la mezcla restante. Transfiera a una bandeja para hornear y colóquela en el horno. Hornee por 3 minutos. Retirar y dejar reposar durante 5 minutos. Cortar la rejilla y cubrir con cilantro.

Guiso de cerdo y frijoles

Tiempo de preparación + cocción: 7 horas 20 minutos | Porciones: 8)

Ingredientes

2 cucharadas de aceite vegetal
1 cucharada de mantequilla
1 lomo de cerdo cortado en cubitos
Sal y pimienta negra al gusto
2 tazas de cebollas perla congeladas
2 chirivías grandes, picadas
2 dientes de ajo picados
2 cucharadas de harina para todo uso
1 taza de vino blanco seco
2 tazas de caldo de pollo
1 lata de frijoles blancos, escurridos y enjuagados
4 ramitas frescas de romero
2 hojas de laurel

Instrucciones

Preparar un baño maría y colocar en él el Sous Vide. Establezca en 138F.

Calienta una sartén antiadherente a fuego alto con mantequilla y aceite. Agrega la carne de cerdo. Sazone con pimienta y sal. Cocine por 7 minutos. Pon la cebolla y cocina por 5 minutos. Revuelva el ajo y el vino hasta formar una burbuja. Mezclar los frijoles, el romero, el caldo y las hojas de laurel. Alejar del calor.

Coloque la carne de cerdo en una bolsa sellable al vacío. Liberar el aire mediante el método de desplazamiento de agua, cerrar y sumergir la bolsa en un baño maría. Cocine por 7 horas. Cuando se detenga el cronómetro, retire la bolsa y transfiérala a un tazón. Adorne con romero.

Costillas de cerdo Jerk

Tiempo de preparación + cocción: 20 horas 10 minutos | Porciones: 6

Ingredientes:

2 (5 lb) de costillitas, parrillas completas
½ taza de mezcla de condimentos Jerk

Direcciones:

Haga un baño de agua, ponga el Sous Vide y póngalo a 145 F. Corte las rejillas por la mitad y sazone con la mitad del condimento Jerk. Coloque las rejillas en rejillas separadas selladas al vacío. Liberar el aire mediante el método de desplazamiento de agua, cerrar y sumergir las bolsas en un baño maría. Configure el temporizador en 20 horas.

Tapar el baño maría con una bolsa para reducir la evaporación y agregar agua cada 3 horas para evitar que el agua se seque. Cuando el cronómetro se haya detenido, retira y abre la bolsa. Transfiera las costillas a una bandeja para hornear forrada con papel de aluminio y precaliente el pollo a temperatura alta. Frote las costillas con el condimento restante y colóquelas en el asador. Hornee por 5 minutos. Cortar en costillas individuales.

Chuletas de cerdo balsámicas

Tiempo de preparación + cocción: 1 hora 15 minutos | Porciones: 5

Ingredientes:

2 kilos de chuletas de cerdo
3 dientes de ajo machacados
½ cucharadita de albahaca seca
½ cucharadita de tomillo seco
¼ de taza de vinagre balsámico
Sal y pimienta negra al gusto
3 cucharadas de aceite de oliva virgen extra

Direcciones:

Prepare un baño de agua, ponga el Sous Vide y ajuste a 158 F. Sazone generosamente las chuletas de cerdo con sal y pimienta; poner a un lado.

En un tazón pequeño, mezcla el vinagre con 1 cucharada de aceite de oliva, tomillo, albahaca y ajo. Mezclar bien y esparcir la mezcla uniformemente sobre la carne. Colóquelo en una bolsa grande que se pueda sellar al vacío y séllela. Sumergir la bolsa sellada al baño maría y hervir durante 1 hora.

Cuando el cronómetro se haya detenido, saca las chuletas de cerdo de la bolsa y sécalas. Calienta el aceite de oliva restante en una sartén mediana a fuego alto. Fríe las chuletas por un minuto por lado o hasta que estén doradas. Agregue los jugos de la cocción y cocine durante 3-4 minutos o hasta que espese.

Costillas de cerdo deshuesadas con salsa de coco y maní

Tiempo de preparación + cocción: 8 horas 30 minutos | Porciones: 3

Ingredientes:

½ taza de leche de coco

2½ cucharadas de mantequilla de maní

2 cucharadas de salsa de soja

1 cucharada de azúcar

3 pulgadas de limoncillo fresco

1 ½ cucharadas de salsa de pimienta

1 ½ pulgada de jengibre, pelado

3 dientes de ajo

2½ cucharaditas de aceite de sésamo

13 onzas de costillas de cerdo deshuesadas

Direcciones:

Preparar un baño maría y poner en él el Sous Vide. Ajuste a 135 F. Licue todos los ingredientes enumerados en una licuadora, excepto las costillas de cerdo y el cilantro, hasta obtener una pasta suave.

Coloca las costillas en una bolsa sellable al vacío y agrégalas a la salsa. Libere el aire utilizando el método de desplazamiento de agua y selle la bolsa. Colocar al baño maría y programar el cronómetro en 8 horas.

Cuando el cronómetro se haya detenido, saca la bolsa, ábrela y retira las costillas. Transfiera a un plato y manténgalo caliente. Pon la sartén a fuego medio y vierte la salsa de la bolsa. Hervir por 5 minutos, reducir el fuego y cocinar por 12 minutos.

Agrega las costillas y cubre con salsa. Cocine a fuego lento durante 6 minutos. Sirva con verduras al vapor.

Solomillo de cerdo a la lima y al ajo

Tiempo de preparación + cocción: 2 horas 15 minutos | Porciones: 2

Ingredientes:

2 cucharadas de ajo en polvo

2 cucharadas de comino molido

2 cucharadas de tomillo seco

2 cucharadas de romero seco

1 pizca de sal marina de lima

2 (3 libras) de solomillos de cerdo, sin corteza plateada

2 cucharadas de aceite de oliva

3 cucharadas de mantequilla sin sal

Direcciones:

Haga un baño de agua, coloque Sous Vide y ajuste a 140 F. Agregue el comino, el ajo en polvo, el tomillo, la sal de lima, el romero y la sal de lima a un tazón y mezcle hasta que quede suave. Unte la carne de cerdo con aceite de oliva y espolvoree con sal y la mezcla de comino y hierbas.

Coloque la carne de cerdo en dos bolsas separadas que se puedan sellar al vacío. Libere el aire utilizando el método de desplazamiento de agua y selle las bolsas. Sumerja en un baño de agua y programe el temporizador durante 2 horas.

Cuando el cronómetro se haya detenido, retira y abre la bolsa. Retire la carne de cerdo y séquela con una toalla de papel. Deseche el jugo en la bolsa. Calienta una sartén de hierro fundido a fuego alto y agrega mantequilla. Poner el cerdo y sofreír hasta que esté dorado. Deje reposar la carne de cerdo sobre la tabla de cortar. Córtelos en medallones de 2 pulgadas.

costillas de cerdo a la barbacoa

Tiempo de preparación + cocción: 1 hora 10 minutos | Porciones: 4

Ingredientes:

1 libra de costillas de cerdo
1 cucharadita de ajo en polvo
Sal y pimienta negra al gusto
1 taza de salsa BBQ

Direcciones:

Haga un baño de agua, ponga el Sous Vide y póngalo a 140 F. Frote sal y pimienta en las costillas de cerdo, póngalas en una bolsa sellada al vacío, suelte el aire y séllela. Poner en agua y programar el temporizador durante 1 hora.

Cuando el cronómetro se haya detenido, retira y abre la bolsa. Retire las costillas y unte con salsa BBQ. Dejar de lado. Precalienta la parrilla. Cuando esté caliente, dorar las costillas durante 5 minutos por todos lados. Sirva con la salsa de su elección.

Lomo de arce con manzana frita

Tiempo de preparación + cocción: 2 horas 20 minutos | Porciones: 4

Ingredientes

1 kilo de lomo de cerdo

1 cucharada de romero fresco, picado

1 cucharada de jarabe de arce

1 cucharadita de pimienta negra

Agrega sal al gusto

1 cucharada de aceite de oliva

1 manzana cortada en cubitos

1 chalota pequeña, en rodajas finas

¼ taza de caldo de verduras

½ cucharadita de sidra de manzana

Instrucciones

Preparar un baño maría y colocar en él el Sous Vide. Póngalo a 135 F. Retire la piel del lomo y córtelo por la mitad. Combine el romero, el jarabe de arce, la pimienta molida y 1 cucharada de sal. Espolvorea sobre el lomo. Colocar en una bolsa sellable al vacío. Liberar el aire mediante el método de desplazamiento de agua, cerrar y sumergir la bolsa en un baño maría. Cocine por 2 horas.

Cuando el cronómetro se detenga, retira la bolsa y sécala. Reserva los jugos de la sopa. Calienta el aceite de oliva en una sartén a fuego medio y fríe el lomo durante 5 minutos. Dejar de lado.

Reducir el fuego y añadir la manzana, la ramita de romero y la chalota. Sazona con sal y fríe durante 2-3 minutos hasta que estén doradas. Agrega vinagre, caldo y jugos de sopa. Cocine a fuego lento durante otros 3-5 minutos. Corta el lomo en medallones y sírvelo con la mezcla de manzana.

Panceta de cerdo con pimentón ahumado

Tiempo de preparación + cocción: 24 horas 15 minutos | Porciones: 8

Ingredientes:

1 kilo de panceta de cerdo
½ cucharada de pimentón ahumado
½ cucharadita de ajo en polvo
1 cucharadita de cilantro
½ cucharadita de hojuelas de chile
Sal y pimienta negra al gusto

Direcciones:

Preparar un baño maría y poner en él el Sous Vide. Ajuste a 175 F. Combine todas las especias en un tazón pequeño y frote esta mezcla con la panceta de cerdo. Pon la mezcla en una bolsa con cierre al vacío. Liberar el aire mediante el método de desplazamiento de agua, cerrar y sumergir la bolsa en un baño maría. Configure el temporizador durante 24 horas.

Cuando esté listo, retira la bolsa y transfiere el líquido de cocción a una cacerola y coloca la panceta de cerdo en un plato. Cocine a fuego lento el líquido de cocción hasta que se reduzca a la mitad. Rocíe sobre la carne de cerdo y sirva.

Tacos De Cerdo Carnitas

Tiempo de preparación + cocción: 3 horas 10 minutos | Porciones: 4

Ingredientes:

2 kilos de paleta de cerdo
3 dientes de ajo, picados
2 hojas de laurel
1 cebolla, picada
Sal y pimienta negra al gusto
Tortillas de maiz

Direcciones:

Preparar un baño maría y colocar en él el Sous Vide. Establezca en 185F.

Mientras tanto, mezcle todas las especias y frote la mezcla sobre la carne de cerdo. Mételo en una bolsa sellada al vacío con las hojas de laurel, la cebolla y los ajos. Liberar el aire mediante el método de desplazamiento de agua, cerrar y sumergir la bolsa en un baño maría. Configure el temporizador en 3 horas.

Cuando esté listo, transfiéralo a una tabla de cortar y desmenúcelo con 2 tenedores. Divida entre tortillas de maíz y sirva.

Sabroso cerdo con glaseado de mostaza y melaza

Tiempo de preparación + cocción: 4 horas 15 minutos | Porciones: 6

Ingredientes

2 kilos de lomo de cerdo
1 hoja de laurel
3 onzas de melaza
½ oz de salsa de soja
½ oz de miel
Jugo de 2 limones
2 tiras de piel de limón
4 cebollas picadas
½ cucharadita de ajo en polvo
¼ cucharadita de mostaza Dijon
¼ cucharadita de pimienta de Jamaica molida
1 onza de chips de maíz triturados

Instrucciones

Preparar un baño maría y colocar en él el Sous Vide. Establezca en 142F.

Coloca el lomo de cerdo y la hoja de laurel en una bolsa con cierre al vacío. Agrega la melaza, la salsa de soja, la ralladura de limón, la miel, la cebolla, el ajo en polvo, la mostaza y la pimienta de Jamaica y agita bien. Liberar el aire mediante el método de desplazamiento de agua, cerrar y sumergir la bolsa en un baño maría. Cocine por 4 horas.

Cuando el cronómetro se detenga, retire la bolsa. Vierta la mezcla restante en la olla y cocine hasta que hierva. Sirve el cerdo con la salsa y espolvorea con chips de maíz triturados. Adorne con cebollas verdes.

Cuello de cerdo asado

Tiempo de preparación + cocción: 1 hora 20 minutos | Porciones: 8

Ingredientes:

2 lb de cuello de cerdo, deshuesado y cortado en 2 trozos
4 cucharadas de aceite de oliva
2 cucharaditas de salsa de soja
2 cucharadas de salsa barbacoa
½ cucharada de azúcar
4 ramitas de romero, sin hojas
4 ramitas de tomillo, sin hojas
2 dientes de ajo, picados
Sal y pimienta blanca al gusto
¼ cucharadita de hojuelas de pimentón

Direcciones:

Haga un baño de agua, ponga el Sous Vide y póngalo a 140 F. Frote la carne de cerdo con sal y pimienta. Poner la carne en dos bolsas separadas para envasar al vacío, liberar el aire y cerrarlas. Colocar al baño maría y programar el cronómetro durante 1 hora.

Cuando el cronómetro se detenga, retira y abre las bolsas. Mezclar el resto de los ingredientes enumerados. Precaliente el horno a 425 F.

Coloque la carne de cerdo en una fuente para asar y frótela generosamente con salsa de soja. Hornear en el horno durante 15 minutos. Deja que la carne de cerdo se enfríe antes de cortarla. Sirva con verduras al vapor.

Costillas de cerdo

Tiempo de preparación + cocción: 12 horas 10 minutos | Porciones: 4

Ingredientes:

1 costillar de costillas de cerdo
2 cucharadas de azúcar moreno
½ taza de salsa barbacoa
1 cucharada de ajo en polvo
2 cucharadas de pimentón
Sal y pimienta negra al gusto
1 cucharada de cebolla en polvo

Direcciones:

Preparar un baño maría y colocar en él el Sous Vide. Ajuste a 165 F. Coloque la carne de cerdo y las especias en una bolsa sellable al vacío. Liberar el aire mediante el método de desplazamiento de agua, cerrar y sumergir la bolsa en un baño maría. Configure el temporizador en 12 horas.

Cuando el cronómetro se haya detenido, saca las costillas de la bolsa y unta con salsa barbacoa. Envuélvalo en papel de aluminio y colóquelo debajo del asador durante unos minutos. Servir inmediatamente.

Chuletas de cerdo al tomillo

Tiempo de preparación + cocción: 70 minutos | Porciones: 4

Ingredientes:

4 chuletas de cerdo
2 cucharaditas de tomillo fresco
1 cucharada de aceite de oliva
Sal y pimienta negra al gusto

Direcciones:

Preparar un baño maría y colocar en él el Sous Vide. Ajuste a 145 F. Combine la carne de cerdo y otros ingredientes en una bolsa sellable al vacío. Liberar el aire mediante el método de desplazamiento de agua, cerrar y sumergir la bolsa en un baño maría. Configure el cronómetro en 60 minutos. Cuando esté listo, retira la bolsa y fríe unos segundos por cada lado para servir.

chuletas de cerdo

Tiempo de preparación + cocción: 75 minutos | Porciones: 6

Ingredientes:

2 kilos de carne de cerdo molida
½ taza de pan rallado
1 huevo
1 cucharadita de pimentón
Sal y pimienta negra al gusto
1 cucharada de harina
2 cucharadas de mantequilla

Direcciones:

Preparar un baño maría y colocar en él el Sous Vide. Ajuste a 140 F. Combine la carne de cerdo, el huevo, el pimentón, la harina y la sal. Forme hamburguesas y colóquelas en una pequeña bolsa sellable al vacío. Liberar el aire mediante el método de desplazamiento de agua, cerrar y sumergir la bolsa en un baño maría. Configure el cronómetro en 60 minutos.

Cuando el cronómetro se detenga, retire la bolsa. Derrita la mantequilla en una cacerola a fuego medio. Cubrir las chuletas con migas y freír hasta que estén doradas por todos lados. Servir y disfrutar.

Chuletas de salvia y sidra

Tiempo de preparación + cocción: 70 minutos | Porciones: 2

Iingredientes

2 chuletas de cerdo
1 ramita de romero picado
Sal y pimienta negra al gusto
1 diente de ajo picado
1 taza de sidra dura, dividida
1 cucharadita de salvia
1 cucharada de aceite vegetal
1 cucharada de azúcar

Instrucciones

Preparar un baño maría y colocar en él el Sous Vide. Establezca en 138F.

Mezcle sal, pimienta, salvia, romero y ajo en un bol. Frote las chuletas con esta mezcla y colóquelas en una bolsa sellable al vacío. Agrega 1/4 taza de sidra dura. Liberar el aire mediante el método de desplazamiento de agua, cerrar y sumergir la bolsa en un baño maría. Cocine por 45 minutos.

Cuando hayas terminado, retira la bolsa. Calienta el aceite en una sartén a fuego medio y fríe las verduras. Agrega las chuletas y fríe hasta que estén doradas. Dejar reposar durante 5 minutos. Vierta los jugos de la cocción en la sartén junto con 1 taza de sidra y azúcar. Continúe revolviendo hasta que se derrita. Para servir, rellena las chuletas con la salsa.

lomo al romero

Tiempo de preparación + cocción: 2 horas 15 minutos | Porciones: 4

Ingredientes:

1 kilo de lomo de cerdo

2 dientes de ajo

2 ramitas de romero

1 cucharada de romero seco

Sal y pimienta negra al gusto

1 cucharada de aceite de oliva

Direcciones:

Preparar un baño maría y colocar en él el Sous Vide. Ponga a 140 F. Sazone la carne con sal, romero y pimienta y colóquela en una bolsa sellable al vacío con una ramita de ajo y romero. Liberar el aire mediante el método de desplazamiento de agua, cerrar y sumergir la bolsa en un baño maría. Configure el temporizador durante 2 horas.

Cuando el cronómetro se detenga, retire la bolsa. Calienta el aceite en una sartén a fuego medio. Freír la carne durante unos 2 minutos por cada lado.

Panceta de pimentón con cebolla perla

Tiempo de preparación + cocción: 1 hora 50 minutos | Porciones: 4

Ingredientes

1 kilo de cebollas perla, peladas
4 rebanadas de panceta, desmenuzada y cocida
1 cucharada de tomillo
1 cucharadita de pimentón

Instrucciones

Preparar un baño maría y poner en él el Sous Vide. Ajuste a 186 F. Coloque la panceta, las cebollas perla, el tomillo y el pimentón en una bolsa con cierre al vacío. Liberar el aire mediante el método de desplazamiento de agua, sellar y sumergir la bolsa en el baño. Cocine por 90 minutos. Cuando esté listo, retira la bolsa y desecha los jugos de la cocción.

Chuletas de cerdo con tomate y puré de patatas

Tiempo de preparación + cocción: 5 horas 40 minutos | Porciones: 4

Ingredientes

1 kilo de chuletas de cerdo sin piel

Sal y pimienta negra al gusto

1 taza de caldo de res

½ taza de salsa de tomate

1 tallo de apio, cortado en cubos de 1 pulgada

1 cuarto de chalota

3 ramitas de tomillo fresco

1 onza de puré de papas rojas

Instrucciones

Preparar un baño maría y colocar en él el Sous Vide. Establezca en 182F.

Espolvorea las chuletas con sal y pimienta y luego colócalas en una bolsa con cierre al vacío. Agrega la salsa de tomate, las chalotas, el whisky, el apio y el tomillo. Liberar el aire mediante el método de desplazamiento de agua, cerrar y sumergir la bolsa en un baño maría. Cocine por 5 horas.

Cuando el cronómetro se haya detenido, retira las chuletas y transfiérelas a un plato. Reserva los líquidos de cocción. Calienta una olla a fuego alto y vierte los jugos escurridos; Déjalo hervir. Reduzca el fuego y cocine a fuego lento durante 20 minutos. Luego agregue las chuletas y cocine por otros 2-3 minutos. Servir con puré de papas.

Tostadas con huevo y panceta crujiente

Tiempo de preparación + cocción: 70 minutos | Porciones: 2

Ingredientes

4 yemas de huevo grandes
2 rebanadas de panceta
4 rebanadas de pan tostado

Direcciones

Preparar un baño maría y colocar en él el Sous Vide. Ajuste a 143 F. Coloque las yemas de huevo en una bolsa sellable al vacío. Liberar el aire mediante el método de desplazamiento de agua, cerrar y sumergir la bolsa en un baño maría. Cocine por 60 minutos.

Mientras tanto, corta la panceta en rodajas y sofríe hasta que esté crujiente. Transfiera a una bandeja para hornear. Cuando el cronómetro se haya detenido, retira las yemas y transfiéralas al pan tostado. Cubra con panceta y sirva.

Lomo picante con salsa dulce de papaya

Tiempo de preparación + cocción: 2 horas 45 minutos | Porciones: 4

Iingredientes

¼ taza de azúcar moreno claro

1 cucharada de pimienta de Jamaica molida

½ cucharadita de pimienta de cayena

¼ cucharadita de canela molida

¼ cucharadita de clavo molido

Sal y pimienta negra al gusto

2 kilos de lomo de cerdo

2 cucharadas de aceite de colza

2 papayas peladas y sin hueso, finamente picadas

¼ de taza de cilantro fresco picado

1 pimiento rojo, semillas, tallos y finamente picado

3 cucharadas de cebolla morada, finamente picada

2 cucharadas de jugo de lima

1 chile jalapeño pequeño, sin semillas y cortado en cubitos

Instrucciones

Preparar un baño maría y colocar en él el Sous Vide. Ajuste a 135 F. Agregue el azúcar, la pimienta de Jamaica, la canela, la cayena, el clavo, el comino, la sal y la pimienta. Espolvorea sobre el lomo.

Calienta el aceite en una sartén a fuego medio y fríe el lomo durante 5 minutos. Transfiera a un plato y deje reposar durante 10 minutos. Colocar en una bolsa sellable al vacío. Liberar el aire mediante el método de desplazamiento de agua, cerrar y sumergir la bolsa en un baño maría. Cocine por 2 horas.

Cuando el cronómetro se haya detenido, retiramos el lomo y dejamos reposar 10 minutos. Cortarlos. Para la salsa, mezcla papaya, cilantro, pimentón, cebolla, jugo de limón y jalapeño. Sirve el lomo y cubre con la salsa. Espolvorea con sal y pimienta y sirve.

Sabrosas patatas y tocino con cebolla

Tiempo de preparación + cocción: 1 hora 50 minutos | Porciones: 6

Ingredientes

1 ½ kilos de papas Russet, en rodajas
½ taza de caldo de pollo
Sal y pimienta negra al gusto
4 onzas de tocino, cortado en tiras gruesas
½ taza de cebolla picada
1/3 taza de vinagre de manzana
4 cebollas en rodajas finas

Instrucciones

Preparar un baño maría y colocar en él el Sous Vide. Ajuste a 186 F. Coloque las papas en una bolsa sellable al vacío. Condimentar con sal y pimienta. Liberar el aire mediante el método de desplazamiento de agua, cerrar y sumergir la bolsa en un baño maría. Cocine por 1 hora y 30 minutos. Cuando esté listo, poner las patatas en un plato.

Calienta una sartén a fuego medio y cocina el tocino por 5 minutos. Transfiera a una bandeja para hornear. Sofreír la cebolla en la misma sartén durante 1 minuto. Agrega las patatas, el tocino cocido y el vinagre. Llevar a ebullición. Pon la cebolla y sazona con sal y pimienta.

Chuletas de cerdo crujientes

Tiempo de preparación + cocción: 1 hora 15 minutos | Porciones: 3

Ingredientes

3 solomillos de cerdo

Sal y pimienta negra al gusto

1 taza de harina

1 cucharadita de salvia

2 huevos enteros

Panko rallado para cubrir las chuletas

Instrucciones

Preparar un baño maría y colocar en él el Sous Vide. Poner a 138 F. Cortar el solomillo en rodajas sin grasa. Sazone con salvia, sal y pimienta. Colocar en una bolsa sellable al vacío. Liberar el aire mediante el método de desplazamiento de agua, cerrar y sumergir la bolsa en un baño maría. Cocine por 1 hora.

Cuando el cronómetro se haya detenido, retira las chuletas y sécalas. Pasar el solomillo por harina, luego por huevo y finalmente por panko rallado. Repita el proceso para todas las rebanadas. Calienta el aceite en una sartén a más de 450 F y fríe las chuletas por 1 minuto. Dejar enfriar y cortar. Servir con arroz y verduras.

Chuletas de cerdo dulces con pera y zanahoria

Tiempo de preparación + cocción: 4 horas 15 minutos | Porciones: 2

Ingredientes

2 chuletas de cerdo deshuesadas
Sal y pimienta negra al gusto
10 sabio
2 tazas de zanahoria rallada
1 pera, picada
1 cucharada de vinagre de manzana
1 cucharadita de aceite de oliva
1 cucharadita de miel
Jugo de ½ limón
2 cucharadas de perejil fresco picado
1 cucharada de mantequilla

Instrucciones

Sazona las chuletas con sal y pimienta. Pon las hojas de salvia encima de las chuletas y déjalas reposar. Preparar un baño maría y poner en él el Sous Vide. Ajuste a 134 F. Coloque las chuletas en una bolsa sellable al vacío. Liberar el aire mediante el método de desplazamiento de agua, cerrar y sumergir la bolsa en un baño maría. Cocine por 2 horas.

Fideos ramen con cerdo y champiñones

Tiempo de preparación + cocción: 24 horas 15 minutos | Porciones: 2

Ingredientes

8 oz de fideos ramen cocidos y escurridos
¾ libra de paleta de cerdo
6 tazas de caldo de pollo
1 taza de champiñones enoki
2 cucharaditas de salsa de soja
2 dientes de ajo picados
2 cucharaditas de jengibre molido
2 cucharaditas de aceite de sésamo
2 cebollas rebanadas

Instrucciones

Preparar un baño maría y poner en él el Sous Vide. Ajuste a 158 F. Coloque la carne de cerdo en una bolsa sellable al vacío. Liberar el aire mediante el método de desplazamiento de agua, sellar y sumergir la bolsa en el baño. Cocine por 24 horas.

Cuando se detenga el cronómetro, retira la carne de cerdo y desmenúzala. Agrega el caldo de pollo, la salsa de soja, el ajo y los champiñones a la olla caliente. Cocine por 10 minutos. Vierte el caldo sobre los fideos ramen y espolvorea la carne de cerdo encima. Rocíe aceite de sésamo encima y decore con cebolla para servir.

Sabroso lomo con dip de aguacate

Tiempo de preparación + cocción: 2 horas 10 minutos | Porciones: 3

Ingredientes

1 lomo de cerdo
1 tarro de mantequilla de aguacate
Ramitas frescas de romero
Sal y pimienta negra al gusto

Instrucciones

Preparar un baño maría y poner en él el Sous Vide. Ajuste a 146 F. Sazone el lomo con sal y pimienta. Unte con mantequilla de aguacate y colóquelo en una bolsa sellable al vacío. Agrega las ramitas de romero. Liberar el aire mediante el método de desplazamiento de agua, cerrar y sumergir la bolsa en un baño maría. Cocine por 2 horas.

Cuando el cronómetro se haya detenido, retira el lomo y sécalo. Sazona con sal y pimienta, agrega la mantequilla de aguacate y fríe en una sartén caliente. Cortar en rodajas y servir.

www.ingramcontent.com/pod-product-compliance
Lightning Source LLC
Chambersburg PA
CBHW071836110526
44591CB00011B/1338